OPIc IH Master

초 판 2쇄 발행 2017년 8월 24일

저자 멀티캠퍼스 외국어연구소
기획 멀티캠퍼스 외국어연구소

펴낸이 박민우
기획팀 송인성, 김선명, 박종인
편집팀 박우진, 김영주, 김정아, 최미라
관리팀 임선희, 정철호, 김성언, 권주련
펴낸곳 멀티캠퍼스 하우
주소 서울시 중랑구 망우로68길 48
전화 (02)922-7090
팩스 (02)922-7092
홈페이지 http://www.hawoo.co.kr
e-mail hawoo@hawoo.co.kr
등록번호 제 2014-18호

값 16,000원
ISBN 979-11-955278-5-4

Copyright ⓒ 2014 by Credu Co., Ltd.

All rights reserved.
No part of this publication may be reproduced, stored in a retrieval system,
or transmitted in any form or by any means, electronic, mechanical, photocopying, recording,
or otherwise, without the prior permission of the publisher.

이 책은 저작권법에 따라 보호받는 저작물이므로 무단전재와 무단복제를 금지하며,
이 책 내용의 전부 또는 일부를 이용하려면 반드시 저작권자와 출판권자의 서면 동의를 받아야 합니다.

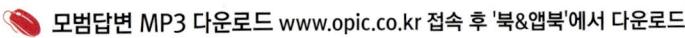 모범답변 MP3 다운로드 www.opic.co.kr 접속 후 '북&앱북'에서 다운로드

Oral Proficiency Interview computer

OPIc
IH Master

멀티캠퍼스 외국어연구소 저

멀티캠퍼스

머리말

OPIc 시험의 필요성

기존의 듣기·읽기 위주의 영어평가 시험에서 현재 말하기와 쓰기영역이 도입되어 영어평가를 위한 영어능력 향상을 위한 변화가 일어나고 있습니다. 실질적인 영어 구사능력에 대한 사회적 요구가 증대되고 있습니다. 이런 배경으로 영어 구사력을 공신력 있게 평가하는 OPIc(Oral Proficiency Interview-computer)의 역할이 점점 커지고 있습니다. OPIc은 현재 삼성그룹, CJ그룹, LG전자, SK 등 국내 많은 기업들의 신입사원 채용 용도로 쓰이는 것은 물론 승진 및 인사고과에도 활용되고 있어 해마다 응시자의 수가 늘어나고 앞으로도 OPIc의 필요성은 증가될 것으로 보입니다.

OPIc시험이 다른 영어시험들에 비해 몇 가지 특징들을 가지고 있으므로 다른 시험들과의 차별성을 가지고 있습니다.

첫째, 시험 종료 후 보통 일주일 이내에 시험성적이 나온다는 것이 수험자들에게 가장 큰 장점으로 손꼽히고 있습니다.

둘째, 시험 전 Background Survey(하는 일, 경험, 관심 분야, 선호도 조사)와 Self Assessment(본인의 말하기 수준)를 통한 맞춤형 평가입니다. 기존의 공인영어점수와 영어실력의 차이가 가장 큰 문제였던 시험들에 비하여 OPIc은 Background Survey를 통해 본인의 말하기 실력을 세분화하여 전문적으로 측정하고 있습니다.

셋째, 오리엔테이션을 제외한 총 40분의 시험시간으로 많은 발화 기회가 주어지기 때문에 수험자의 영어실력을 가장 정확하게 측정할 수 있습니다.

따라서 앞으로도 영어 말하기의 중요성이 강조되는 현 상황에서 정확한 말하기 실력을 측정하기 위해서는 실생활의 목적들과 가장 유사한 유형의 시험인 OPIc의 위상은 높아질 것으로 예상됩니다. 이에 수동적인 영어 학습 형태에서 벗어나 능동적인 영어 학습자로서 꾸준한 말하기 연습을 통해 OPIc시험에서 고득점을 받기 위해 노력해 봅시다.

2012 New ACTFL Proficiency Guidelines

새롭게 적용된 2012 ACTFL Proficiency Guidelines는 2011년까지 사용되어 왔던 것을 발전시켜 구성에는 크게 차이가 없지만 최고급 수준이었던 Superior보다 더 높은 수준인 Distinguished 수준을 새로 설정한 것이 가장 큰 변화입니다. 하지만 Distinguished level은 평가에서 직접 부여하여 사용하지 않고 Superior의 수준을 평가할 때의 참고 자료로만 활용하도록 되어있습니다. 그 밖에 구체적인 언어 수준 기술의 명료성을 위하여, 특히 Intermediate High와 Advanced Low, Advanced High와 Superior 사이의 능력 수준 확정을 보다 명료하게 할 수 있도록 용어 사용이나 중복 기술 등의 문제를 제거하여 체계성을 확립하였습니다. 또한 듣기, 말하기, 읽기, 쓰기의 네 기능 모두를 종합적으로 고려하여 ACTFL Proficiency Guidelines를 기술하였다는 점에서 언어능력 수준 기술의 체계성과 완결성이 훨씬 더 커졌다고 할 수 있겠습니다.

OPIc IH Master!

OPIc시험은 Background Survey를 기반으로 한 개인 맞춤형 시험입니다. 시험 전 본인이 선택한 관심사를 중점으로 질문이 출제되나, OPIc시험에서 고득점을 받기 위해서는 본인이 선택하지 않은 돌발 주제에 대해서도 답변을 할 줄 알아야 합니다. 시험의 난이도가 높아질수록 돌발 주제들이 더 많이 나오는 경향이 있습니다. OPIc IH Master는 개인 정보, 여가 취미, 돌발 질문, Role Play 등 유형별 질문에 대한 답변 연습으로 실질적으로 시험에 대비할 수 있도록 구성되어 있습니다. Idea Flow를 활용해 답변을 구성하는 연습으로 다양한 주제에 대해 논리적이고 체계적으로 이야기할 수 있는 능력을 향상시킬 수 있습니다.
OPIc 고득점을 넘어 전반적인 말하기 능력의 향상을 이룰 수 있기를 기대합니다.

차 례

- 학습 Schedule … 8
- Structure and Features … 10
- OPIc 소개 … 12
- Background Survey … 14
- OPIc FAQ … 16

| 학습 목차 |

Part 1 개인 정보 공략

Chapter 01	Family	20
Chapter 02	Housing	30
Chapter 03	Colleagues	40
Chapter 04	Company & Work	50

Part 2 여가 취미 공략

Chapter 05	Movies	62
Chapter 06	Cafés	72
Chapter 07	Parks	82
Chapter 08	SNS	92
Chapter 09	Stocks	102
Chapter 10	Jogging	112
Chapter 11	Vacation	122

| Chapter 12 | Travel | 132 |

Part 3 돌발 공략

Chapter 13	Home Improvement Project	144
Chapter 14	Eating Out	154
Chapter 15	Weather	164
Chapter 16	Banks	174
Chapter 17	Geographic Features	184
Chapter 18	Meeting Arrangement	194

Part 4 Role Play 공략

| Chapter 19 | Role Play 1 | 206 |
| Chapter 20 | Role Play 2 | 216 |

학습 Schedule

■ 한 달 완성: 주5일 / 20강(90분 강의기준)

Week	월	화	수	목	금
Week 1	Lesson 01	Lesson 02	Lesson 03	Lesson 04	Lesson 05
Week 2	Lesson 06	Lesson 07	Lesson 08	Lesson 09	Lesson 10
Week 3	Lesson 11	Lesson 12	Lesson 13	Lesson 14	Lesson 15
Week 4	Lesson 16	Lesson 17	Lesson 18	Lesson 19	Lesson 20

	1강	2강	3강	4강	5강
1주차 (월~금)	Family	Housing	Colleagues	Company & Work	Movies

	6강	7강	8강	9강	10강
2주차 (월~금)	Cafés	Parks	SNS	Stocks	Jogging

	11강	12강	13강	14강	15강
3주차 (월~금)	Vacation	Travel	Home Improvement Project	Eating Out	Weather

	16강	17강	18강	19강	20강
4주차 (월~금)	Banks	Geographic Features	Meeting Arrangement	Role play 1	Role play 2

■ 두 달 완성: 24강(90분 강의기준)

Oral Proficiency Interview-computer

Week	월	화	수
Week 1	Lesson 01	Lesson 02	Lesson 03
Week 2	Lesson 04	Lesson 05	Lesson 06
Week 3	Lesson 07	Lesson 08	Lesson 09
Week 4	Lesson 10	Lesson 11	Lesson 12
Week 5	Lesson 13	Lesson 14	Lesson 15
Week 6	Lesson 16	Lesson 17	Lesson 18
Week 7	Lesson 19	Lesson 20	Lesson 21
Week 8	Lesson 22	Lesson 23	Lesson 24

	1강	2강	3강
1주차 (월/수/금)	Family	Housing	Colleagues
	4강	5강	6강
2주차 (월/수/금)	Company & Work	Movies	Review(Lesson 01~05)
	7강	8강	9강
3주차 (월/수/금)	Cafés	Parks	SNS
	10강	11강	12강
4주차 (월/수/금)	Stocks	Jogging	Review(Lesson 7~11)
	13강	14강	15강
5주차 (월/수/금)	Vacation	Travel	Home Improvement Project
	16강	17강	18강
6주차 (월/수/금)	Eating Out	Weather	Review(Lesson 13~17)
	19강	20강	21강
7주차 (월/수/금)	Banks	Geographic Features	Meeting Arrangement
	22강	23강	24강
8주차 (월/수/금)	Role play 1	Role play 2	Review(Lesson 19~24)

Structure and Features

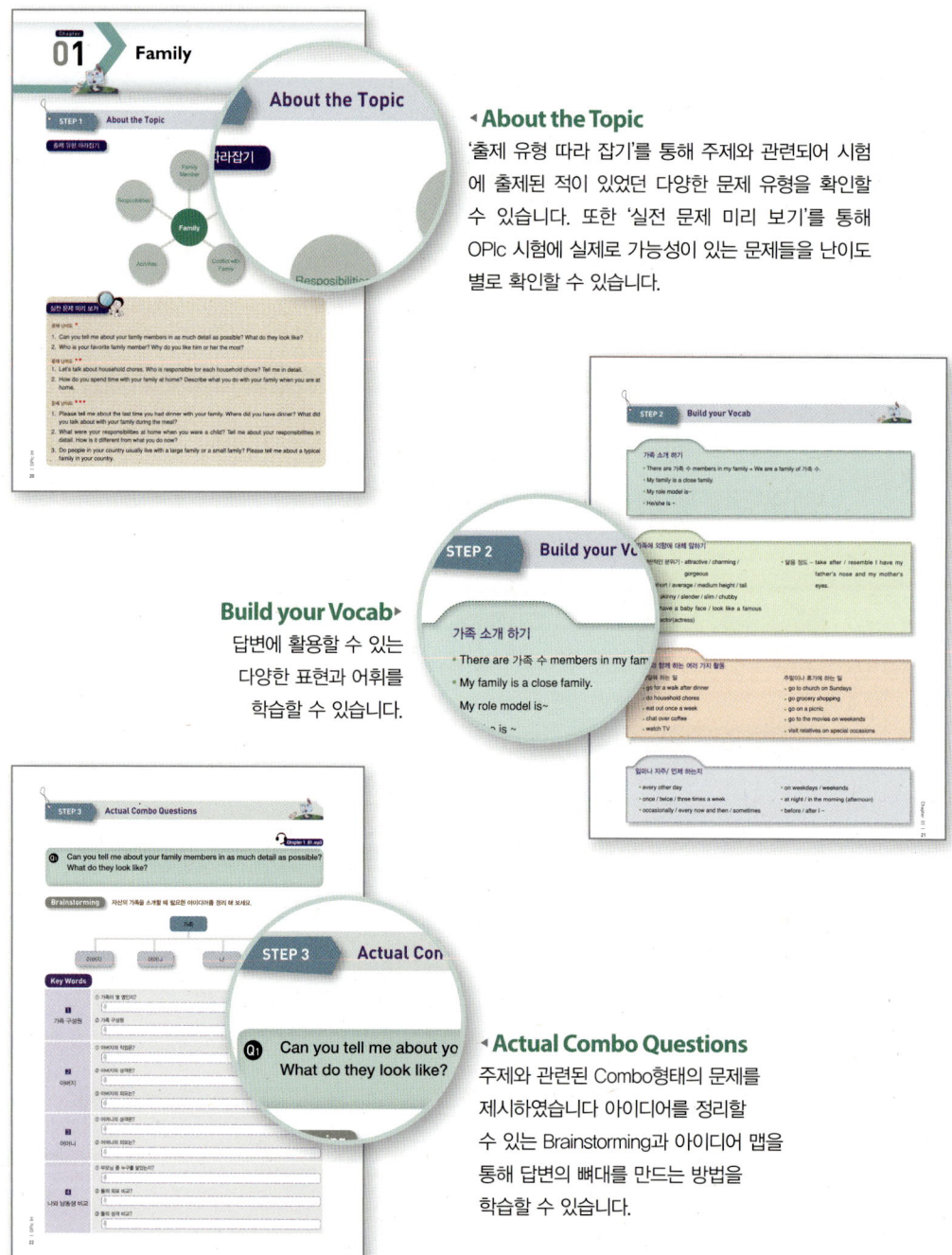

◀ **About the Topic**
'출제 유형 따라 잡기'를 통해 주제와 관련되어 시험에 출제된 적이 있었던 다양한 문제 유형을 확인할 수 있습니다. 또한 '실전 문제 미리 보기'를 통해 OPIc 시험에 실제로 가능성이 있는 문제들을 난이도 별로 확인할 수 있습니다.

Build your Vocab ▶
답변에 활용할 수 있는 다양한 표현과 어휘를 학습할 수 있습니다.

◀ **Actual Combo Questions**
주제와 관련된 Combo형태의 문제를 제시하였습니다 아이디어를 정리할 수 있는 Brainstorming과 아이디어 맵을 통해 답변의 뼈대를 만드는 방법을 학습할 수 있습니다.

Oral Proficiency Interview-computer

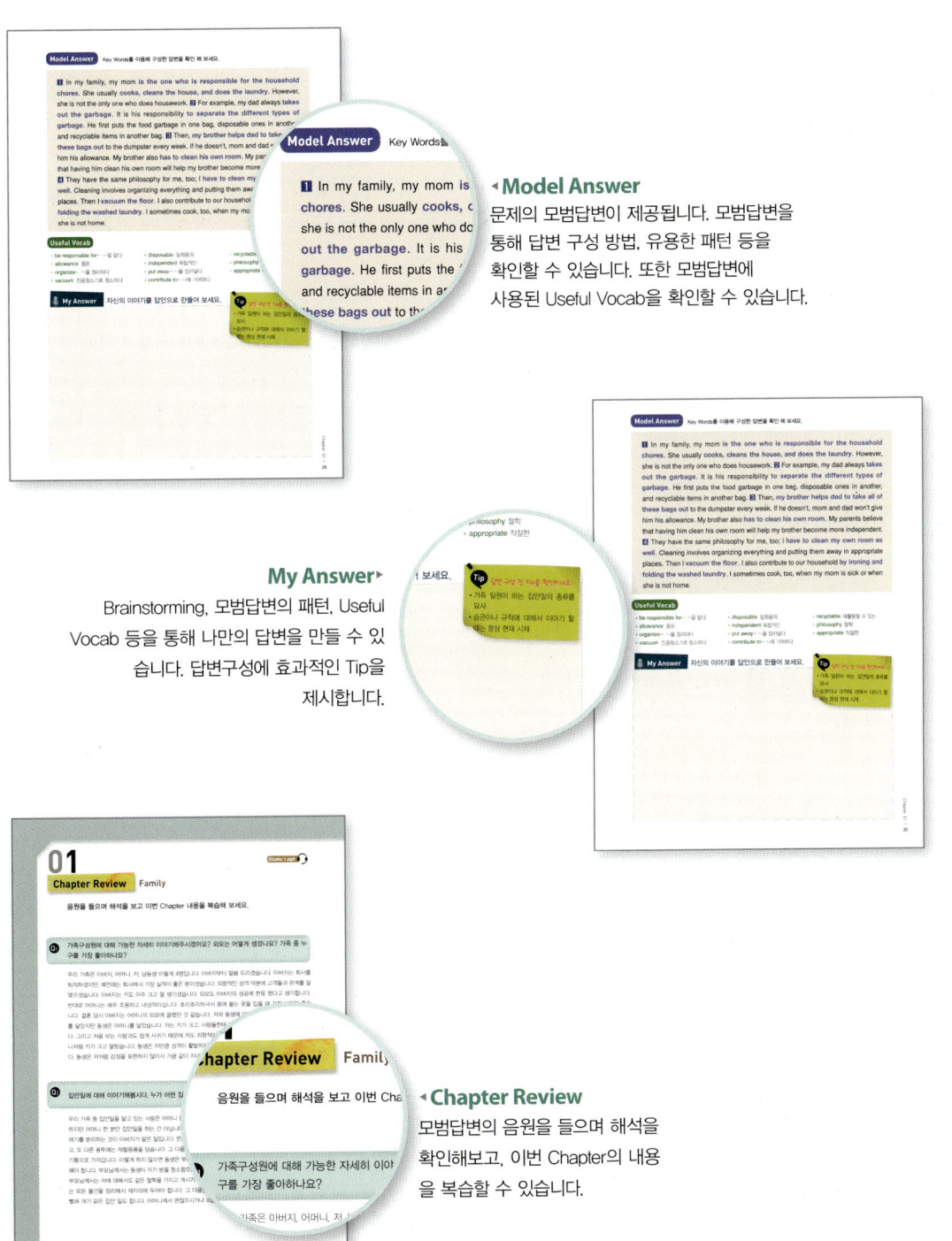

◀ Model Answer
문제의 모범답변이 제공됩니다. 모범답변을 통해 답변 구성 방법, 유용한 패턴 등을 확인할 수 있습니다. 또한 모범답변에 사용된 Useful Vocab을 확인할 수 있습니다.

My Answer ▶
Brainstorming, 모범답변의 패턴, Useful Vocab 등을 통해 나만의 답변을 만들 수 있습니다. 답변구성에 효과적인 Tip을 제시합니다.

◀ Chapter Review
모범답변의 음원을 들으며 해석을 확인해보고, 이번 Chapter의 내용을 복습할 수 있습니다.

OPIc 소개

OPIc이란?

OPIc(Oral Proficiency Interview-computer)은 면대면 외국어 인터뷰 OPI를 최대한 Interview와 가깝게 만든 iBT기반의 외국어 말하기 평가로서, 외국어 전문 교육 연구 단체인 ACTFL(American Council on the Teaching of Foreign Languages)에서 개발한 공신력 있는 말하기 평가입니다. OPIc은 단순히 문법이나 어휘 등을 얼마나 많이 알고 있는가 보다는 실제 상황에서 얼마나 효과적이고 적절하게 언어를 구사하는지를 측정하는 객관적인 평가로, 국내에서는 2007년 시작되어 현재 약 1,600여 개 기업 및 기관에서 OPIc을 채용과 인사고과 등에 활발하게 활용하고 있습니다. 현재 OPIc은 영어뿐만 아니라 중국어, 러시아어, 스페인어 등 총 44개의 언어평가를 제공함으로써 다양한 언어를 동일한 기준으로 평가할 수 있는 유일한 외국어 말하기 평가로 자리매김하였습니다.

OPIc 진행과정

ORIENTATION (약 15분)

1. **Background Survey** — 인터뷰 문항을 위한 사전 설문
2. **Self Assessment** — 시험의 난이도 결정을 위한 자가 평가
3. **Overview of OPIc** — 화면 구성, 문항 청취 및 답변 방법 안내
4. **Sample Question** — 실제 답변 방법 연습

시험시간 (40분)

1. **1st Session**
   - 개인 맞춤형 문항
   - 질문 청취 2회
   - 문항별 답변 시간 제한 無
   - 약 7문항 출제
2. **난이도 재조정**
   - Self Assessment(2차 시험 난이도 선택)
   - 쉬운 질문 / 비슷한 질문 / 어려운 질문 中선택
3. **2nd Session**
   - 개인 맞춤형 문항
   - 질문 청취 2회
   - 문항별 답변 시간 제한 無
   - 약 5~8문항 출제

OPIc 등급

OPIc의 등급은 크게 세 가지, 작게는 일곱 가지로 세분화됩니다.

- **Novice:** '초보자'라는 뜻으로 OPIc에서는 '초급' 단계입니다.
- **Intermediate:** '중간'이라는 뜻으로 OPIc에서는 '중급' 단계입니다.
- **Advanced:** '고급의'라는 뜻으로 OPIc에서는 가장 높은 '고급' 단계입니다.

이 세 가지의 등급을 세분화해서 다음과 같이 구분하게 됩니다.

> • Novice Low, Novice Mid, Novice High
> • Intermediate Low, Intermediate Mid(1~3), Intermediate High
> • Advanced Low

OPIc의 모체인 OPI에서는 Advanced도 Low, Mid, High로 구분되지만, 컴퓨터로 시험을 보는 OPIc에서는 Advanced Low라는 등급 하나만 부여됩니다.

AL	Advanced **LOW**	사건을 서술할 때 일괄적으로 동사 시제를 관리하고, 사람과 사물을 묘사할 때 다양한 형용사를 사용한다. 적절한 위치에서 접속사를 사용하기 때문에 문장 간의 결속력도 높고 문단의 구조를 능숙하게 구성할 수 있다. 익숙하지 않은 복잡한 상황에서도 문제를 설명하고 해결할 수 있는 수준의 능숙도이다.
IH	Intermediate **HIGH**	개인에게 익숙하지 않거나 예측하지 못한 복잡한 상황을 만날 때, 대부분의 상황에서 사건을 설명하고 문제를 효과적으로 해결한다. 발화량이 많고, 다양한 어휘를 사용한다.
IM	Intermediate **MID**	일상적인 소재뿐 아니라 개인적으로 익숙한 상황에서는 문장을 나열하며 자연스럽게 말할 수 있다. 다양한 문장 형식이나 어휘를 실험적으로 사용하려고 하며 상대방이 조금만 배려해 주면 오랜 시간 대화가 가능하다.
IL	Intermediate **LOW**	일상적인 소재에서는 문장으로 말할 수 있다. 대화에 참여하고 선호하는 소재에서는 자신감을 가지고 말할 수 있다.
NH	Novice **HIGH**	일상적인 대부분의 소재에 대해서 문장으로 말할 수 있다. 개인 정보라면 질문을 하고 응답을 할 수 있다.
NM	Novice **MID**	이미 암기한 단어나 문장으로 말하기를 할 수 있다.
NL	Novice **LOW**	제한적인 수준이지만 영어 단어를 나열하며 말할 수 있다.

＊ Intermediate Mid의 경우 Mid 1, Mid 2, Mid 3로 세분화하여 제공합니다.

Background Survey (배경설문)

OPIc의 개인 맞춤형 문제는 Background Survey에 대한 응답을 기초로 출제됩니다. 나에게는 어떤 맞춤형 문제가 출제될지 미리 생각해 보세요.

1 현재 귀하는 어느 분야에 종사하고 계십니까?
☐ 사업/회사   ☐ 재택근무/재택사업   ☐ 교사/교육자   ☐ 군 복무   ☐ 일 경험 없음

1.1. 현재 귀하는 직업이 있으십니까?
☐ 네   ☐ 아니오

1.1.1. 귀하의 근무 기간은 얼마나 되십니까?
☐ 첫 직장 – 2개월 미만   ☐ 첫 직장 – 2개월 이상   ☐ 첫 직장 아님 – 경험 많음

1.1.1.1. 당신은 부하 직원을 관리하는 관리직을 맡고 있습니까?
☐ 네   ☐ 아니오

문항 1에서 교사/교육자로 답변했을 경우

1.1. 당신은 어디에서 학생을 가르치십니까?
☐ 대학 이상   ☐ 초등/중/고등학교   ☐ 평생교육

1.1.1. 귀하의 근무 기간은 얼마나 되십니까?
☐ 2개월 미만 – 첫 직장
☐ 2개월 미만 – 교직은 처음이지만 이전에 다른 직업을 가진 적이 있음
☐ 2개월 이상

2 현재 귀하는 학생이십니까?
☐ 네   ☐ 아니오

2.1. 현재 어떤 강의를 듣고 있습니까?
☐ 학위 과정 수업   ☐ 전문 기술 향상을 위한 평생 학습   ☐ 어학수업

2.2. 최근 어떤 강의를 수강했습니까?
☐ 학위 과정 수업
☐ 전문 기술 향상을 위한 평생 학습
☐ 어학수업
☐ 수업 등록 후 5년 이상 지남

3. 현재 귀하는 어디에 살고 계십니까?

- ☐ 개인주택이나 아파트에 홀로 거주
- ☐ 친구나 룸메이트와 함께 주택이나 아파트에 거주
- ☐ 가족(배우자/자녀/기타 가족 일원)과 함께 주택이나 아파트에 거주
- ☐ 학교 기숙사
- ☐ 군대 막사

아래의 4~7번 문항에서 12개 이상을 선택해 주시기 바랍니다.

4. 귀하는 여가 활동으로 주로 무엇을 하십니까? (두 개 이상 선택)

- ☐ 영화보기
- ☐ 클럽/나이트클럽가기
- ☐ 공연보기
- ☐ 콘서트보기
- ☐ 박물관가기
- ☐ 공원가기
- ☐ 캠핑하기
- ☐ 해변가기
- ☐ 스포츠 관람
- ☐ 주거 개선
- ☐ 술집/바에 가기
- ☐ 카페/커피전문점 가기
- ☐ 게임하기(비디오, 카드, 보드, 휴대폰 등)
- ☐ 당구 치기
- ☐ 체스하기
- ☐ SNS에 글 올리기
- ☐ 친구들과 문자대화하기
- ☐ 시험 대비 과정 수강하기
- ☐ TV보기
- ☐ 리얼리티쇼 시청하기
- ☐ 뉴스를 보거나 듣기
- ☐ 요리 관련 프로그램 시청하기
- ☐ 쇼핑하기
- ☐ 차로 드라이브하기
- ☐ 스파/마사지샵 가기
- ☐ 구직활동하기
- ☐ 자원봉사하기

5. 귀하의 취미나 관심사는 무엇입니까? (한 개 이상 선택)

- ☐ 아이에게 책 읽어주기
- ☐ 음악 감상하기
- ☐ 악기 연주하기
- ☐ 춤추기
- ☐ 글쓰기(편지, 단문, 시 등)
- ☐ 그림그리기
- ☐ 요리하기
- ☐ 애완동물 기르기
- ☐ 독서
- ☐ 주식 투자하기
- ☐ 신문 읽기
- ☐ 여행 관련 잡지나 블로그 읽기
- ☐ 사진 촬영하기
- ☐ 혼자 노래 부르거나 합창하기

6. 귀하는 주로 어떤 운동을 즐기십니까? (한 개 이상 선택)

- ☐ 농구
- ☐ 야구/소프트볼
- ☐ 축구
- ☐ 미식축구
- ☐ 하키
- ☐ 크리켓
- ☐ 골프
- ☐ 배구
- ☐ 테니스
- ☐ 배드민턴
- ☐ 탁구
- ☐ 수영
- ☐ 자전거
- ☐ 스키/스노우보드
- ☐ 아이스 스케이트
- ☐ 조깅
- ☐ 걷기
- ☐ 요가
- ☐ 하이킹/트레킹
- ☐ 낚시
- ☐ 헬스
- ☐ 태권도
- ☐ 운동 수업 수강하기
- ☐ 운동을 전혀 하지 않음

7. 당신은 어떤 휴가나 출장을 다녀온 경험이 있습니까? (한 개 이상 선택)

- ☐ 국내출장
- ☐ 해외출장
- ☐ 집에서 보내는 휴가
- ☐ 국내여행
- ☐ 해외여행

OPIc FAQ

01 OPIc 시험 중 필기구를 사용하여 답변을 준비해도 되나요?

OPIc 응시자는 필기구를 가지고 시험장에 입실할 수 없습니다. 따라서 시험 중에 필기구를 이용하여 메모 등을 하실 수 없으며, 적발 시 부정행위로 처리되어 OPIc 시험 규정에 따라 향후 시험 응시 기회에 제한을 받습니다.

02 무조건 길게 말하는 것이 도움이 되나요?

짜임새 없는 내용으로 길게만 말하는 것보다는 질문이 요구하는 내용에 충실한 답변을 정확한 문법과 표현을 사용하여 논리적으로 표현할 때 좋은 평가를 받을 수 있습니다. 또한 기-승-전-결 혹은 서론-본론-결론의 짜임새 있는 구성으로 답변해야 합니다. 공식적인 수치는 아니지만, 주어진 시간 내 모든 문제에 풍부한 내용으로 답변을 하려면 한 문항당 짧으면 1분, 일반적으로 2분에서 2분 30초 이상 말할 수 있도록 준비하는 것이 좋습니다.

03 Background Survey 응답 내용대로만 출제되나요?

아닙니다. 시험 전에 체크한 Background Survey 결과는 나에게 맞는 맞춤형 문항이 출제되는 데 영향을 주지만, 그 외 시스템으로 선별된 문항도 출제됩니다. 즉, 여러분이 선택하지 않은 내용에서도 문제가 출제됩니다. 일반적으로 여러분의 일상생활에서 일어나는 일들을 위주로 문제가 출제되며 전문적인 내용이 출제되더라도 일상생활과 연결되어 있는 질문들이 출제됩니다. OPIc 등급 향상을 위해서는 Background Survey 항목에 관련된 답변만을 무조건 외우기보다는 평소에 다양한 말하기 연습을 하는 것이 도움이 될 것입니다.

04 OPIc 문제 중 Background Survey 내용과 관련이 없는 내용이 나오면 답변하지 않아도 되나요?

아닙니다. 수험자는 주어진 문항에 대해서 모두 답변을 진행해야 합니다. OPIc은 Background Survey를 통해 수험자의 개인 맞춤형 문항의 출제가 가능하지만 다른 영역의 질문 또한 출제되어 수험자가 예상하지 못한 문제에 대한 상황 대처능력 및 순발력 또한 평가합니다. 따라서, 질문에 대한 답변이 진행되지 않는 경우 감점의 요인이 될 수 있습니다. 그러므로 답변할 때 모르는 문제가 나왔다고 해서 당황해서는 안 됩니다. 설령, 여러분이 Background Survey에서 선택한 내용과 다른 문제가 출제되더라도 최선을 다해 성실하게 답변하는 것이 좋습니다.

05 시험 보는 중간에 Self Assessment로 레벨을 변경하는 것이 성적에 영향이 있나요?

처음에 높은 레벨로 시작했다가 중간에 낮은 레벨로 바꾸거나, 그 반대로 낮은 레벨에서 시작해서 높은 레벨로 바꾸는 그 자체로 성적이 바뀌지는 않습니다. 철저히 주어진 답변에 얼마나 충실하게 답변했는지가 성적을 좌우한다고 보면 됩니다. 그러나, 나의 영어실력과 너무 동떨어진 레벨을 선택하는 것은 바람직하지 않습니다.

06 문제를 반복해서 들으면 성적이 좋지 않게 나오는 것이 사실인가요?

문제 풀기 전략 중 하나로 문제를 습관적으로 반복해서 듣는 사람들이 있습니다. 문제를 반복 청취하는 것이 성적에 직접적으로 영향을 미치는 것은 아니지만, 문제를 반복 청취했을 때 답변 시간이 줄어들 수 밖에 없으므로, 시간 관리에 어려움을 느낄 수도 있습니다. OPIc 문제의 답변 시간은 질문 청취 시간을 제외하고 약 35분 가량입니다. 따라서 주어진 시간 내 모든 문제에 효율적으로 답변할 수 있도록 시간을 활용해야 합니다.

07 발음이 안 좋거나 더듬거리면 성적에 나쁜 영향을 주게 되나요?

발음은 이해가 가능한 수준일 경우 크게 영향을 미치지 않는 것으로 알려져 있습니다. 그러나 메시지 전달이 안 될 정도로 말을 매끄럽지 못하게 할 경우에는 당연히 채점이 어려울 수밖에 없습니다.

08 OPIc 시험은 현장에서 결과를 직접 확인할 수 있나요?

OPIc 정기 시험은 시험 응시일로부터 7일 후 자정부터 OPIc 홈페이지(www.opic.or.kr)에서 성적 확인이 가능합니다. 예) 8월 6일 시험 응시 → 8월 12일에서 8월 13일로 넘어가는 00:00부터 성적 확인 가능

※성적 확인 및 인증서 출력은 회원 전용 서비스이므로 회원 가입 필요

09 OPIc 시험 일정은 1년에 몇 번 정도 있나요?

OPIc 시험은 일반적으로 월 6회(수요일, 일요일) 있으며 채용 시즌에는 매일 정기 시험을 진행 합니다. 또한 강남 오피스퀘어 센터에서는 채용 시즌 외에도 주중에 3일 이상 시험이 시행되고 있습니다. 자세한 내용은 OPIc 홈페이지(www.opic.or.kr)를 확인해주시기 바랍니다.

10 성적이 UR이라고 나오는 것은 무엇을 의미하나요?

"UR"은 unable to rate를 의미합니다. UR이 나오는 경우는 녹음 불량, 녹음 음량이 너무 작은 경우, 수험자가 자신이 없어 답변을 하지 않은 경우입니다. 수험자의 과실인 경우 응시료 환불은 없으며 재시험의 기회도 없습니다. 시스템적인 오류로 UR이 나왔을 경우 한 번의 재시험 기회를 드립니다.

11 시험에 필요한 규정 신분증이 무엇인가요?

OPIc 시험에서 인정되는 규정 신분증은 주민등록증, 운전면허증, 기간만료 전 여권 등이며, 사원증 및 학생증, 기타 자격증은 신분증으로 인정되지 않습니다.

Part 1 개인 정보 공략

Chapter 01 Family
Chapter 02 Housing
Chapter 03 Colleagues
Chapter 04 Company & Work

Chapter 01 > Family

STEP 1 — About the Topic

출제 유형 따라잡기

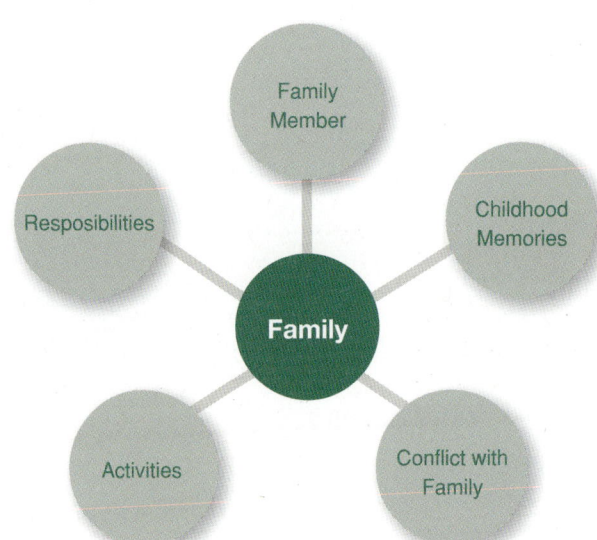

 **실전 문제 미리 보기**

문제 난이도 ★

1. Can you tell me about your family members in as much detail as possible? What do they look like?
2. Who is your favorite family member? Why do you like him or her the most?

문제 난이도 ★★

1. Let's talk about household chores. Who is responsible for each household chore? Tell me in detail.
2. How do you spend time with your family at home? Describe what you do with your family when you are at home.

문제 난이도 ★★★

1. Please tell me about the last time you had dinner with your family. Where did you have dinner? What did you talk about with your family during the meal?
2. What were your responsibilities at home when you were a child? Tell me about your responsibilities in detail. How is it different from what you do now?
3. Do people in your country usually live with a large family or a small family? Please tell me about a typical family in your country.

STEP 2 Build your Vocab

가족 소개 하기

- There are 가족 수 members in my family = We are a family of 가족 수.
- My family is a close family.
- My role model is~
- He/she is ~

가족에 외향에 대해 말하기

- 전반적인 분위기 - attractive / charming / gorgeous
- 키 – short / average / medium height / tall
- 체형 – skinny / slender / slim / chubby
- 얼굴 – have a baby face / look like a famous actor(actress)
- 닮음 정도 – take after / resemble I have my father's nose and my mother's eyes.

가족들과 함께 하는 여러 가지 활동

평일에 하는 일
- go for a walk after dinner
- do household chores
- eat out once a week
- chat over coffee
- watch TV

주말이나 휴가에 하는 일
- go to church on Sundays
- go grocery shopping
- go on a picnic
- go to the movies on weekends
- visit relatives on special occasions

얼마나 자주/ 언제 하는지

- every other day
- once / twice / three times a week
- occasionally / every now and then / sometimes
- on weekdays / weekends
- at night / in the morning (afternoon)
- before / after I ~

STEP 3　Actual Combo Questions

Q1 Can you tell me about your family members in as much detail as possible? What do they look like?

Brainstorming　자신의 가족을 소개할 때 필요한 아이디어를 정리 해 보세요.

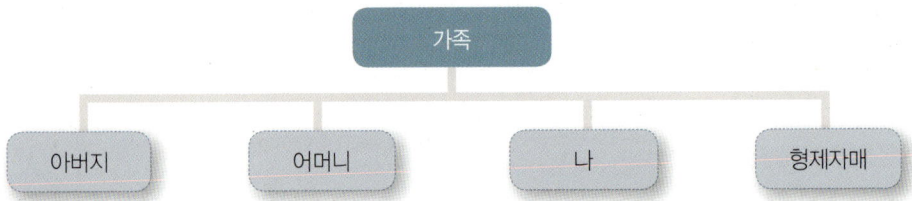

Key Words

1. 가족 구성원
① 가족이 몇 명인지?
② 가족 구성원

2. 아버지
① 아버지의 직업은?
② 아버지의 성격은?
③ 아버지의 외모는?

3. 어머니
① 어머니의 성격은?
② 어머니의 외모는?

4. 나와 남동생 비교
① 부모님 중 누구를 닮았는지?
② 둘의 외모 비교?
③ 둘의 성격 비교?

Model Answer Key Words를 이용해 구성한 답변을 확인 해 보세요.

1 There are **four members** in my family, which are **my dad, mom, my younger brother, and me**. I'll start by describing my dad. **2** My dad is a **retired businessman**, who once made the highest performance in his company. Because of his extroverted personality, **he got along very well with his clients**. He is also very **tall and handsome**. I believe his looks also contributed to his success. **3** On the other hand, my mom is **very quiet and introverted**. She is **skinny**, so she looks best when she wears tight clothes. My dad was probably attracted to her looks when they got married. **4** As for my brother and me, I **look like my dad**, whereas my brother **takes after our mom**. I am tall, and people say that I **have my dad's eyes**. I also make friends with strangers very easily, so I can say that I am **an extrovert**, too. I am so much like my dad so I like him the most. My brother is tall and **skinny**, just like my mom. He is **not as outgoing as I am**; he is more of **an introvert**. Sometimes it is hard for me to get along with my brother, because he doesn't express his feelings like I do.

Useful Vocab

- describe 묘사하다
- contribute to~ ~에 기여하다
- looks 외모
- performance 실적, 성과
- on the other hand 반면에
- as for~ ~에 관해
- get along well with~ ~와 잘 지내다
- be attracted to~ ~에 끌리다
- take after~ ~를 닮다

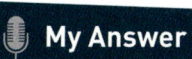 **My Answer** 자신의 이야기를 답안으로 만들어 보세요.

 Tip 답변 구성 전 Tip을 확인하세요!
- 가족의 성격이나 외향을 묘사 할 때는 항상 현재 시제 사용
- 성격이나 외향을 묘사하는 다양한 형용사 사용해 어휘의 다양성을 보일 것!

Q2 Let's talk about household chores. Who is responsible for each household chore? Tell me in detail.

Brainstorming 가족들이 함께 하는 집안일에는 어떤 것이 있는지 아이디어를 정리 해 보세요.

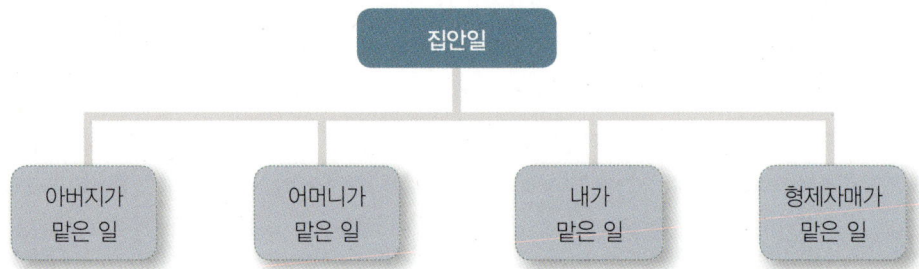

Key Words

1 집안일을 하는 사람	① 주로 집안일을 하는 사람은? ② 그 사람이 집안일을 주로 하는 이유는?
2 아버지	① 아버지가 자주 하는 집안 일은? ② 아버지가 하는 집안일을 하는 곳은? ③ 집안일 하는 빈도는?
3 어머니	① 어머니가 자주 하는 집안 일은? ② 어머니가 하는 집안일을 하는 곳은? ③ 집안일 하는 빈도는?
4 형제 자매	① 나와 내 동생이 하는 집안 일은? ② 그 일을 하는 이유는?

Model Answer

Key Words를 이용해 구성한 답변을 확인 해 보세요.

1 In my family, my mom **is the one who is responsible for the household chores**. She usually **cooks, cleans the house, and does the laundry**. However, she is not the only one who does housework. **2** For example, my dad always **takes out the garbage**. It is his responsibility **to separate the different types of garbage**. He first puts the food garbage in one bag, disposable ones in another, and recyclable items in another bag. **3** Then, **my brother helps dad to take all of these bags out** to the dumpster every week. If he doesn't, mom and dad won't give him his allowance. My brother also **has to clean his own room**. My parents believe that having him clean his own room will help my brother become more independent. **4** They have the same philosophy for me, too; I **have to clean my own room as well**. Cleaning involves organizing everything and putting them away in appropriate places. Then I **vacuum the floor**. I also contribute to our household **by ironing and folding the washed laundry**. I sometimes cook, too, when my mom is sick or when she is not home.

Useful Vocab

- be responsible for~ ~을 맡다
- allowance 용돈
- organize~ ~을 정리하다
- vacuum 진공청소기로 청소하다
- disposable 일회용의
- independent 독립적인
- put away~ ~을 집어넣다
- contribute to~ ~에 기여하다
- recyclable 재활용할 수 있는
- philosophy 철학
- appropriate 적절한

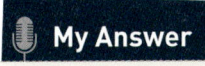 자신의 이야기를 답안으로 만들어 보세요.

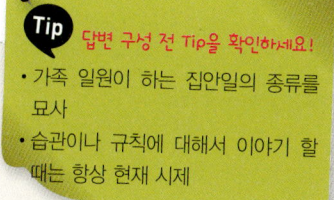
답변 구성 전 Tip을 확인하세요!
- 가족 일원이 하는 집안일의 종류를 묘사
- 습관이나 규칙에 대해서 이야기 할 때는 항상 현재 시제

Q3 What were your responsibilities at home when you were a child? Tell me about your responsibilities in detail. How is it different from what you do now?

Brainstorming 과거와 현재의 집안일에 대해 이야기할 때 필요한 아이디어를 정리 해 보세요.

| 어렸을 때 했던 집안일 | |
| 현재 하는 집안일 | |

Key Words

1 예전에 했던 집안일	① 예전에 했던 집안일은? ② 왜 그 일을 하게 되었는지?
2 집안일 하는 방법	① 그 일을 하는 방법은? ② 일을 하면서 어려운 점은 없었는지? ③ 어려운 점을 해결은 어떻게 했는지?
3 현재 하고 있는 일	① 현재 하고 있는 집안일은? ② 일을 하는 방법이 변했는지?
4 과거와 현재의 차이점	① 과거와 현재 하는 일이 바뀌었는지? ② 하는 방법이 바뀌었는지? ③ 변화에 대한 본인의 느낌이나 생각은?

Model Answer   Key Words를 이용해 구성한 답변을 확인 해 보세요.

1 When I was young, I **was responsible for taking the laundry out of the washing machine** and hanging all the clothes and towels on the washing lines. Since my family did not and still does not own a dryer, I would take the laundry down from the washing lines and start folding them. **2** Every time I folded the laundry, I had to **categorize it into different groups**, so that I wouldn't have to run from one room to another when I was **placing all the items into the correct places**. For example, I used to group towels in one pile, and my parents' underwear in another. This way, I could simply stack the group of towels in the bathroom, and stuff the underwear in my parents' drawers. **3** When I finished doing this, my parents would **always reward me with a bar of chocolate or with some colorful stickers**. **4** I have been doing this since I was six years old, and **organizing the washed laundry is still one of my major responsibilities**. The only thing that has changed from when I did the laundry as a kid is that nobody rewards me for doing it anymore. All the family members take it for granted.

Useful Vocab

- take ~ out of~ ~에서 ~을 꺼내다
- own~ ~을 소유하다
- take down~ ~을 내리다, 끌어내리다
- pile 더미, 무더기
- reward~ ~에게 보상해주다
- washing machine 세탁기
- hang~ ~을 걸다, 널다
- categorize~ ~을 분류하다
- stack~ ~을 쌓다
- take ~ for granted ~을 당연시하다

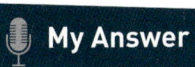 **My Answer** 자신의 이야기를 답안으로 만들어 보세요.

 Tip 답변 구성 전 Tip을 확인하세요!
- 어릴적 했던 집안일과 그 일에 대한 어릴적 느낌을 묘사
- Always, often 등의 빈도부사 활용

01

Chapter Review — Family

Chapter 1.mp3

음원을 들으며 해석을 보고 이번 Chapter 내용을 복습해 보세요.

Q1 가족구성원에 대해 가능한 자세히 이야기해주시겠어요? 외모는 어떻게 생겼나요?

우리 가족은 아버지, 어머니, 저, 남동생 이렇게 4명입니다. 아버지부터 말씀 드리겠습니다. 아버지는 회사를 퇴직하셨지만, 예전에는 회사에서 가장 실적이 좋은 분이셨습니다. 외향적인 성격 덕분에 고객들과 관계를 잘 맺으셨습니다. 아버지는 키도 아주 크고 잘 생기셨습니다. 외모도 아버지의 성공에 한몫 했다고 생각합니다. 반대로 어머니는 매우 조용하고 내성적이십니다. 호리호리하셔서 몸에 붙는 옷을 입을 때 가장 보기가 좋습니다. 결혼 당시 아버지는 어머니의 외모에 끌렸던 것 같습니다. 저와 동생에 대해 말씀 드리면, 저는 아버지를 닮았지만 동생은 어머니를 닮았습니다. 저는 키가 크고, 사람들한테 아버지랑 눈이 닮았다는 말을 듣습니다. 그리고 처음 보는 사람과도 쉽게 사귀기 때문에 저도 외향적이라고 할 수 있습니다. 반면 제 동생은 어머니처럼 키가 크고 말랐습니다. 동생은 저만큼 성격이 활발하지 않고 내성적인 성격에 가깝다고 할 수 있습니다. 동생은 저처럼 감정을 표현하지 않아서 가끔 같이 지내기 어려울 때도 있습니다.

Q2 집안일에 대해 이야기해봅시다. 누가 어떤 집안일을 맡고 있나요? 자세히 이야기해주세요.

우리 가족 중 집안일을 맡고 있는 사람은 어머니 한 분입니다. 보통 어머니께서 요리, 청소, 빨래를 하십니다. 하지만 어머니 한 분만 집안일을 하는 건 아닙니다. 예를 들면, 아버지는 언제나 쓰레기를 내다버립니다. 쓰레기를 분리하는 것이 아버지가 맡은 일입니다. 먼저 봉투에 음식물 쓰레기를 담고, 다른 봉투에 폐기물을 담고, 또 다른 봉투에는 재활용품을 담습니다. 그 다음엔 제 동생이 아버지를 도와 매주 이 봉투들을 대형 쓰레기통으로 가져갑니다. 이렇게 하지 않으면 동생은 부모님께 용돈을 받지 못합니다. 제 동생은 자기 방도 청소해야 합니다. 부모님께서는 동생이 자기 방을 청소함으로써 더욱더 독립적인 사람이 될 거라고 생각하십니다. 부모님께서는 저에 대해서도 같은 철학을 가지고 계시기 때문에 저도 제 방을 청소해야 합니다. 청소를 할 때는 모든 물건을 정리해서 제자리에 두어야 합니다. 그 다음엔 청소기로 바닥을 청소합니다. 저는 또 다림질, 빨래 개기 같은 집안 일도 합니다. 어머니께서 편찮으시거나 외출 하실 때 가끔 요리도 합니다.

Q3 어렸을 때 집에서 어떤 일을 맡았나요? 맡았던 일에 대해 자세히 이야기해주세요. 지금 하는 일과는 어떻게 다른가요?

저는 어렸을 때 세탁기에서 빨래를 꺼내 옷과 수건을 전부 빨랫줄에 너는 일을 맡았습니다. 예전이나 지금이나 우리집에는 건조기가 없어서 먼저 빨랫줄에서 빨래를 걷어서 개곤 했습니다. 빨래를 갤 때마다 종류별로 분류를 해야 했는데, 이렇게 해야 이 방 저 방 뛰어다니지 않고 적절한 곳에 세탁물을 놓을 수 있었습니다. 예를 들면, 수건을 한 더미로 쌓아 올리고 부모님 속옷도 한 더미로 쌓아 올렸습니다. 이렇게 하면 간단하게 욕실에 수건을 채워 넣을 수 있고, 부모님 서랍장에도 속옷을 넣을 수 있었습니다. 이 일을 끝내면 부모님께서는 항상 저에게 상으로 초콜릿 한 개 또는 형형색색의 스티커를 주시곤 했습니다. 저는 6살 때부터 이 일을 해왔기 때문에 지금도 세탁물을 정리하는 것은 집안에서 제가 맡고 있는 중요한 일 중 하나입니다. 예전에 세탁물을 정리하던 때와 달라진 점이 있다면, 이제는 이 일을 한다고 해서 누구도 저에게 보상을 해주지 않는다는 점입니다. 가족들 모두 당연한 것으로 생각합니다.

Chapter 02 Housing

STEP 1   About the Topic

출제 유형 따라잡기

실전 문제 미리 보기

문제 난이도 ★

1. Can you describe your favorite room in your home? What does it look like? Why do you like that place?
2. Tell me about the place you lived in when you were a child. Describe your home in detail.

문제 난이도 ★★

1. Where do you usually buy house furniture? Tell me where the furniture store is located and whom you go with.
2. Tell me about your typical day at home. Please explain your daily routine during the week and on weekends.

문제 난이도 ★★★

1. Tell me about the time you recently bought furniture. Where did you go to buy it? Why did you go there? With whom did you go?
2. Tell me about the place you lived when you were a child. Describe your home in detail. What is different now and then?

STEP 2 Build your Vocab

집안의 여러 공간
- master bedroom
- porch / veranda
- study
- living room
- dressing room

가구
- wooden / rectangular / round table
- dining table
- desk
- built-in closet
- cabinet
- bookshelf / bookshelves
- chest of drawers
- cupboard
- brown / black leather sofa
- shoe rack
- TV stand

가전 제품
- kimchi refrigerator
- coffee maker
- dishwasher
- washing machine
- vacuum cleaner
- robot cleaner
- juicer
- microwave
- rice cooker

내부 공간에 대해 말하기
- When you come into my house, you can see _____
- On the right, there is _____
- On the left, there is _____
- If you go straight ahead, you can find _____
- Next to/beside _____, there is _____
- Behind/In front of _____, you can see _____
- Above my bed, there is _____

STEP 3 Actual Combo Questions

Q1 Can you describe your favorite room in your home? What does it look like? Why do you like that place?

Brainstorming 거주지에 대해 이야기 할 때 필요한 아이디어를 정리 해 보세요

```
                    가장
                  좋아하는 방
   ┌──────┬────────┬────────┬────────┬──────┐
 방의 종류  좋아하는   가구    방에서     분위기
           이유              하는 일
```

Key Words

1 살고 있는 거주지
① 어떤 형태의 거주지에서 살고 있는지?
② 단지의 규모는?

2 가장 좋아하는 방
① 가장 좋아하는 방은?
② 방의 위치는?
③ 그곳의 특징은?

3 그곳을 좋아하는 이유
① 언제 그곳을 사용하는지?
② 그곳에 있는 물건은?
③ 둘의 성격 비교?

4 특징
① 특별히 그곳에서 하는 일은?
② 자신만 하는 특별한 일은?

Model Answer

Key Words를 이용해 구성한 답변을 확인 해 보세요.

1 I live in a **4-bedroom apartment**. It's on the **top floor of a 20-story building**. We have 2 floors including the rooftop, so I like to call it a penthouse. **2** Out of all those rooms, my favorite rooms are **the attic and the rooftop**. The ceiling of the attic is very low so when I go up there, I have **to lower my head to walk around**. **3** I have my own room but when I want **extra privacy**, I go up to the attic and sit in my beanbag chair and **read books or listen to music**. Because of its low ceiling, it **feels very cozy and homey**. I also like the rooftop. It's big enough to **accommodate 15 people** comfortably. **4** My father built a picnic table and put it there so when the weather is nice, we usually **have a BBQ and enjoy the view**. In summer, that's my personal tanning salon! I take a yoga mat and lie there and **get some sun while listening to music**.

Useful Vocab

- penthouse 펜트 하우스
- lower 낮추다
- accommodate~ ~을 수용하다
- out of~ ~ 중에서
- cozy 아늑한
- view 전망
- privacy 사생활
- homey 편안한
- get some sun 선탠을 하다

My Answer

자신의 이야기를 답안으로 만들어 보세요.

Tip 답변 구성 전 Tip을 확인하세요!
- 자신이 좋아하는 공간을 묘사하는 장소 묘사
- 집안 공간에 대한 정확한 명칭과 용도에 대한 어휘가 필수

Q2. Tell me about the time you recently bought furniture. Where did you go to buy it? Why did you go there? With whom did you go?

Brainstorming 가구 구매 경험 대해 이야기 할 때 필요한 아이디어를 정리 해 보세요.

> 가구를 구매한 시기 → 구매한 가구 → 가구 구매 과정

Key Words

1. 최근 가구 구매 경험
① 최근 가구를 산 것이 언제인지?
② 누구와 함께 샀는지?
③ 가구를 사러 어디로 갔는지?

2. 가구 구매 이유
① 가구를 왜 사러 갔는지?
② 마음에 드는 가구는?
③ 그 가구의 명칭과 색상은?

3. 가구의 구체적 묘사
① 가구의 특징은?
② 사용했을 때의 느낌은?

4. 구매 과정
① 구매 결정은 누가 내렸는지?
② 바로 구매 했는지 고민 했는지?

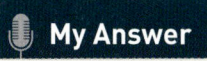 **Model Answer**   Key Words를 이용해 구성한 답변을 확인 해 보세요.

1 Just **last month, my mother and I** went to a **department** store in our neighborhood to buy a sofa. **2** We had the previous sofa for more than 15 years so it was **ripped here and there** and the **cushions were too hard that it was not comfortable** anymore. As soon as we got to the furniture department, out of many different sofas, one stood out to both of us right away. It was a **brown leather 4-seater**. **3** When we sat down, the **cushion was amazingly soft** and it felt like it was **molding itself around me**. On top of that, the right end was a recliner. When I sat there, the game was over. I had to have that sofa. But it was ridiculously expensive. **4** We told the clerk that we'll think about it. Then we went to a coffee shop and **called my dad to come so he could also check it out**. When he came, he was very satisfied with it too. So we **decided to think of it as an investment** and bought it then and there.

Useful Vocab

- rip 찢다
- stand out 눈에 띄다
- ridiculously 터무니 없이
- not ~ anymore 더 이상 ~않은
- on top of that 그밖에, 게다가
- check out~ ~을 확인하다
- get to~ ~에 도착하다
- mold 형태를 만들다
- be satisfied with~ ~에 만족하다

 My Answer   자신의 이야기를 답안으로 만들어 보세요.

Tip 답변 구성 전 Tip을 확인하세요!
- 가구 구매 경험 묘사
- 가구 구매 한 날을 육하원칙을 이용해서 묘사
- 특이한 에피소드가 있다면 함께 설명

Q3 Tell me about the place you lived when you were a child. Describe your home in detail. What is different now and then?

Brainstorming 과거의 집과 지금 집을 비교 할 때 필요한 아이디어를 정리 해 보세요.

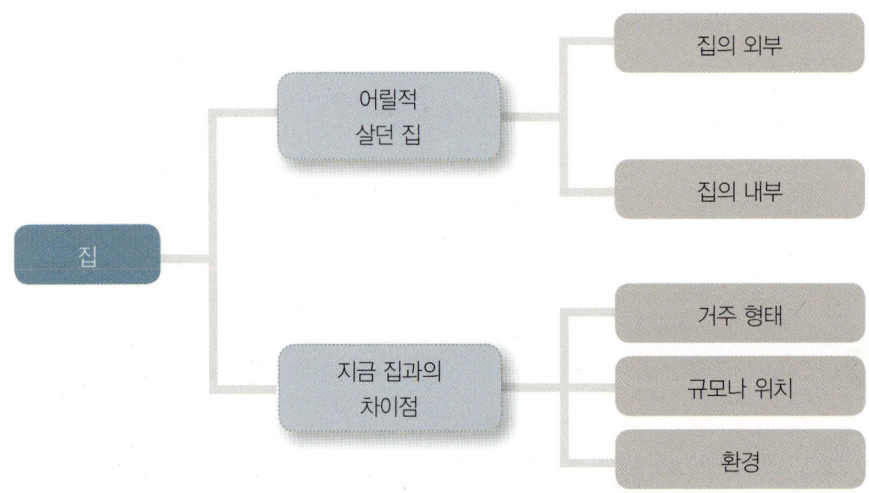

Key Words

1 예전 살던 집
① 과거에 살던 집은 어떤 형태였는지?
② 집의 외향은?

2 집의 구조
① 집의 구조는?
② 집의 내부는?
③ 집의 외부는?

3 현재와 과거의 비교
① 시설의 차이점은?
② 생활 방식의 차이점은?

Model Answer

Key Words를 이용해 구성한 답변을 확인 해 보세요.

1 My family used **to live in a house** when I was a child. It was **a 2-story duplex** and our next-door neighbor was the landlord. **2** On **the first floor**, we had a living room, a dining area, a guest toilet and a kitchen. **On the second floor**, there were 3 bedrooms and a bathroom. We had a back garden that we shared with the landlord. There was an apple tree that he had planted years ago and we used to pick apples and make apple jam together. **3** There are many **differences between my previous house and my current apartment**. First of all, the **heating system** is very different. The house had a fireplace and radiators. The apartment has a floor heating system. Also, I don't have a **garden** in my current apartment like I had at my old house. Above all, my family **used to be very close with our landlord of our previous house**. We used to have dinner together every Sunday. But now, we **don't have much interaction with our current landlord**.

Useful Vocab

- used to (과거에) ~했다
- landlord 주
- current 현재의
- duplex 두 세대용 건물
- plant~ ~을 심다
- fireplace 벽난로
- next-door 옆집의
- previous 이전의
- radiator 방열기

My Answer

자신의 이야기를 답안으로 만들어 보세요.

Tip 답변 구성 전 Tip을 확인하세요!
- 현재와 과거의 거주지를 묘사하는 난이도 높은 문항
- 과거 살던 곳과 현재 사는 곳의 차이점과 공통점을 비교하면 효과적

02 Chapter Review — Housing

음원을 들으며 해석을 보고 이번 Chapter 내용을 복습해 보세요.

Q1 집에서 가장 좋아하는 방을 말해주시겠어요? 어떻게 생겼나요? 그곳을 왜 좋아하나요?

저는 방 4칸짜리 아파트에서 삽니다. 우리집은 20층 맨 꼭대기에 있어요. 옥상을 포함, 2개 층으로 되어 있어서 저는 우리집을 펜트하우스라고 부릅니다. 방들 중에서 제가 가장 좋아하는 방은 다락방과 옥상입니다. 다락방은 천장이 너무 낮아서 위에 올라가면 고개를 숙이고 다녀야 합니다. 제 방이 따로 있지만 특히나 혼자 있고 싶을 땐 다락으로 올라가 빈 백 의자에 앉아 책을 읽거나 음악을 듣습니다. 다락방은 천장이 낮아서 아늑하고 편안합니다. 저는 옥상도 좋아합니다. 여기는 15명이 거뜬히 들어갈 수 있을 만큼 넓습니다. 아버지께서 옥상에 피크닉 탁자를 만들어 두셔서 우리는 날씨가 좋을 때면 보통은 바비큐 파티를 하며 전망을 감상합니다. 여름에 이곳은 저의 개인 선탠실이 됩니다! 요가 매트를 가져가 그 위에 눕고 음악을 들으며 선탠을 합니다.

Q2 최근에 가구를 샀던 때에 대해 말해주세요. 어디에서 샀나요? 왜 거기로 갔나요? 누구와 갔나요?

바로 지난 달, 엄마와 저는 소파를 사러 동네에 있는 백화점으로 갔습니다. 전에 쓰던 소파는 15년 이상 되어서 여기저기 찢어지고, 쿠션은 너무 딱딱해서 더 이상 편안하지가 않았습니다. 가구 매장에 도착하자마자 많고 다양한 소파들 중에서 바로 우리의 눈을 끄는 것이 있었습니다. 4인용 갈색 가죽 소파였습니다. 앉아보니 쿠션이 정말 부드러웠고 제 몸에 딱 맞게 모양이 바뀌는 것 같았습니다. 게다가 오른쪽 끝 좌석은 뒤로 젖혀지기도 했습니다. 거기에 앉는 순간 제 마음은 이미 정해졌습니다. 저는 그 소파를 사야 했습니다. 하지만 가격이 터무니 없이 높았습니다. 점원에게는 생각해보겠다고 말했습니다. 그리고는 커피숍으로 가서 아버지께 전화를 걸어 직접 소파를 확인하실 수 있게 와달라고 했습니다. 아버지께서 오셔서 소파를 보고 역시 매우 만족스러워하셨습니다. 그래서 우리는 투자라고 생각하기로 하고 그때 거기에서 소파를 구입했습니다.

Q3 어렸을 때 살던 집에 대해 이야기해주세요. 집에 대해 자세히 묘사해주세요. 지금과 예전이 달라진 점이 있다면?

제가 어렸을 때 우리 가족은 일반 주택에 살았습니다. 복층으로 된 두 세대용 건물이었고, 옆집에는 집주인이 살았습니다. 1층에는 거실, 식당, 손님용 화장실, 부엌이 있었습니다. 2층에는 방 3개와 욕실이 있었습니다. 집에 뒤뜰이 있었는데 그 공간은 집주인과 함께 사용했습니다. 뒤뜰에는 주인 집이 몇 년 전에 심어 놓은 사과나무가 있어서 함께 사과를 따서 잼을 만들기도 했습니다. 예전에 살던 주택과 현재 살고 있는 아파트는 다른 점이 많습니다. 먼저, 난방 시스템이 많이 다릅니다. 주택에는 벽난로와 방열기가 있었습니다. 아파트는 바닥난방 시스템입니다. 그리고 현재의 아파트에는 예전 집과 같은 정원이 없습니다. 무엇보다도 우리 가족은 예전 집주인과 무척 친하게 지냈습니다. 일요일마다 저녁을 함께 먹기도 했습니다. 하지만 지금은 집주인과 교류를 많이 하지 않습니다

Chapter 03 Colleagues

STEP 1   About the Topic

출제 유형 따라잡기

실전 문제 미리 보기

문제 난이도 ★

1. Describe your manager or boss in detail. What kind of person is he or she?
2. Please tell me about your co-workers. Describe them in as much detail as possible.

문제 난이도 ★★

1. Can you tell me if you usually eat lunch with your co-workers? If so, what do you usually eat with them?
2. Can you tell me about the co-worker you remember the most? Describe how you met him or her. Why is he or she so memorable?

문제 난이도 ★★★

1. You may have had a trouble with your co-worker. What was the problem about? How did you deal with the problem? Please tell me in detail.
2. Meeting a new boss is always memorable. Think about the first time you met your current manager. What was said? Tell me the details of the first meeting.

STEP 2 Build your Vocab

동료나 상사

- co-worker
- colleague
- boss
- supervisor
- manager
- staff
- chief
- assistant manager
- director
- executive
- chairman
- vice chairman

동료나 상사 묘사하기

- generous
- picky
- motivated
- dedicated
- harsh
- patient
- impatient
- lazy
- idle
- hardworking
- driven
- moody
- cold
- understanding
- active
- snobbish
- stubborn
- humble

회사에서의 여러 업무

- survey
- research
- report to my boss
- finish
- complete
- have a presentation
- require
- order
- look over
- check
- plan
- arrange
- organize
- coordinate
- supervise
- make a report
- design
- go on a business trip
- take a night shift

STEP 3 — Actual Combo Questions

Chapter 3_01.mp3

Q1 Please tell me about your co-workers. Describe them in as much detail as possible.

Brainstorming
직장동료에 대해 이야기 할 때 필요한 아이디어를 정리 해 보세요

```
                    직장 동료
                   /         \
            여자 동료          남자 동료
            이름:  나이:      이름:  나이:
            외모:  성격:      외모:  성격:
```

Key Words

1. 같이 일하는 사람들에 대한 일반적인 설명
① 같이 일하는 사람들은 몇 명인가?
② 그들의 성비는 어떤가?

2. 친한 사람
① 특별히 친한 사람이 있는가?
② 몇 명이나 그렇게 친한가?

3. 친한 여자 동료
① 그 사람의 이름은?
② 나이, 외모, 성격은 어떤가?

4. 친한 남자 동료
① 그 사람의 이름은?
② 나이, 외모, 성격은 어떤가?

Model Answer
Key Words를 이용해 구성한 답변을 확인 해 보세요.

1 In my team, there are **a total of 7 people** including myself working together. There are 3 men and 4 women, and we **are of similar age**. Even though we work as a team, we all have **different responsibilities**. **2** So out of 7, I work **closest with 2 of them**. Their names are Jenny and Chris. **3** Jenny is **2 years younger** than I am, and she joined this team at the same time as I did. She's **average height and weight**. She's **very bubbly and full of spirit**. She has **a great sense of fashion,** so I sometimes go clothes shopping with her after work. **4** Chris joined the team 6 months after I did. He's **very tall and he enjoys working out so he's quite fit**. He can be **reserved** sometimes so it **took quite a while for him** to open up to us. I found out that we enjoy **listening to similar kinds of music** so we usually talk about what albums are being released and who's having concerts.

Useful Vocab

- responsibility 맡은 일
- spirit 투지
- quite a while 꽤 오랫동안
- average 평균의
- after work 퇴근 후에
- open up 마음을 터놓다
- bubbly 명랑
- reserved 속마음을 드러내지 않는
- release~ ~을 공개하다

My Answer
자신의 이야기를 답안으로 만들어 보세요.

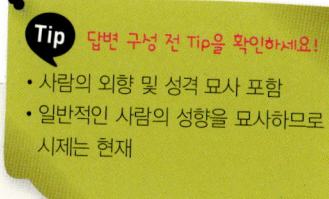

- 사람의 외향 및 성격 묘사 포함
- 일반적인 사람의 성향을 묘사하므로 시제는 현재

Q2. Can you tell me about the co-worker you remember the most? Describe how you met him or her. Why is he or she so memorable?

Brainstorming 기억에 남는 직장동료에 대한 아이디어를 정리 해 보세요.

| 기억에 남는 사람 | 언제 어디서 만나게 되었나? | 둘 사이에 어떤 일이 있었는가? | 그 일 이후 어떤 관계로 지내나? |

Key Words

1 가장 기억에 남는 사람	① 가장 기억에 남는 사람은? ② 그 사람과의 관계는?
2 만나게 된 계기	① 그 사람을 어떻게 만나게 되었나? ② 어떤 상황에서 만나게 되었나?
3 기억에 남는 상황	① 어떤 일이 발생했나? ② 그 상황에서 그 사람이 어떻게 했는가? ③ 그 일이 어떤 의미가 있는가?
4 그 이후의 관계	① 그 사건 이후 지금은 어떻게 지내는가?

Model Answer Key Words를 이용해 구성한 답변을 확인 해 보세요.

1 I have worked with a lot of people so far and of them, one person stands out the most. His name is Steven and he was my **direct boss** at a company I worked at before. **2** When I first **joined his team**, I was very determined to do my very best at everything as it was my first job ever. But I learned that **some of the responsibilities given to me were way beyond my ability**. I needed assistance but I was **worried that people would think less of me if I asked for help**. **3** One day, Steven asked me to **join him for a coffee**. He told me that he went through a rough time at his first job and he had wished for help from someone. Then he said if I ever needed help, I **could always count on him**. He **saw through** me and **chose to approach me in a way** that wouldn't hurt my pride. I worked for him for 3 years and enjoyed every minute of it. **4** We **still keep in touch** and he's always **the one I turn to when I am lost**.

Useful Vocab

- stand out 두드러지다
- beyond one's ability~ ~의 능력 이상인,
- go through~ ~을 겪다
- hurt pride 자존심을 상하게 하다
- turn to~ ~에 의지하다

- direct boss 직속 상사
- assistance 도움
- see through 지켜보다
- keep in touch 연락 하고 지내다

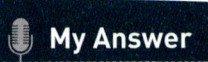 **My Answer** 자신의 이야기를 답안으로 만들어 보세요.

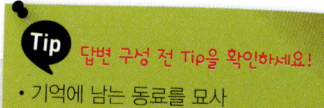

Tip 답변 구성 전 Tip을 확인하세요!
- 기억에 남는 동료를 묘사
- 처음 만나게 된 계기를 반드시 포함
- 하나의 사건에 기반을 두어 설명하면 더욱 효과적

Q3 You may have had a trouble with your co-worker. What was the problem about? How did you deal with the problem? Please tell me in detail.

Brainstorming 직장 동료와의 문제에 대한 아이디어를 정리 해 보세요.

> 사건의 발단 → 누구와 어디서 무엇 때문에 → 어떻게 해결하였는가

Key Words

1 문제 발생 전 상황
① 사건의 배경이 되는 곳은 어디인가?
② 언제였는지?

2 사건의 발단
① 사건의 발단은 무엇인가?
② 누구와 사건이 일어났는가?

3 상황에 대처하는 나의 자세
① 어떤 문제가 발생했는가?
② 그 당시 내 기분은?
③ 그 상황에 어떻게 대처했는가?

4 어떻게 해결 했는가?
① 문제의 해결은 어떻게 되었는가?
② 그 이후 그 사람과의 관계는?

Model Answer
Key Words를 이용해 구성한 답변을 확인 해 보세요.

1 I have worked at 3 different companies and at the second company, I started working as a part-timer and worked my **way up to a full-time position**. After working full time for 3 months, my manager informed me that I was **getting a promotion**. I was thrilled! **2** My promotion was announced and my co-workers and I decided to **go out for drinks to celebrate**. We had dinner first and went to a bar. After a few drinks, one of my co-workers approached me. **3** She seemed quite drunk and said **I didn't deserve the promotion**. She also mentioned that she was a better candidate for the job than I was. I **was very upset** and wanted to say something but decided to walk away. **4** The next day at work, **she apologized** and told me that she was upset that she didn't get the promotion but it was very wrong of her to let it out like that. I was very **impressed with her honesty and sincerity**. We talked it out and we **never had an issue again**.

Useful Vocab

- part-timer 시간제 근무 직원
- thrilled 아주 신이 난
- candidate 후보자
- sincerity 성실, 진실성
- worked one's way up 승진하다
- announce~ ~을 발표하다
- walk away 떠나버리다
- have an issue 문제가 있다
- get a promotion 승진하다
- deserve~ ~할 자격이 있다
- apologize 사과하다

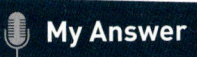 **My Answer** 자신의 이야기를 답안으로 만들어 보세요.

 Tip 답변 구성 전 Tip을 확인하세요!
- 상황 발생의 원인과 해결 방법을 구체적으로 설명하는 것이 좋음
- 사건이 가지는 의미를 이야기 하는 것도 좋은 방법

03

Chapter Review Colleagues

음원을 들으며 해석을 보고 이번 Chapter 내용을 복습해 보세요.

Q1 당신의 직장 동료들에 대해 이야기해주세요. 가능한 한 자세히 설명해주세요.

저의 팀에는 저를 포함해 총 7명이 함께 일합니다. 남자는 셋 여자는 넷이고, 나이는 모두 비슷합니다. 우리는 한 팀에서 일하지만 업무는 모두 다릅니다. 7명 중, 저는 2명과 가장 비슷한 일을 합니다. 그들의 이름은 제니와 크리스입니다. 제니는 저보다 두 살 어리고, 저와 같은 시기에 우리 팀에 들어왔습니다. 그녀의 키와 몸무게는 보통입니다. 성격은 명랑 쾌활하고 사기가 넘칩니다. 그녀는 패션 감각이 뛰어나서, 저는 가끔 퇴근 후에 그녀와 함께 옷을 사러 갑니다. 크리스는 저보다 6개월 늦게 우리 팀에 합류했습니다. 그는 키가 무척 크고, 운동을 좋아해서 몸이 아주 탄탄합니다. 그는 가끔 속내를 드러내지 않아 우리에게 마음을 열기까지 오랜 시간이 걸렸습니다. 우리가 비슷한 음악을 즐겨 듣는다는 사실을 알게 되어, 우리는 보통 새로 발표될 앨범이나 콘서트소식에 대해 이야기합니다.

Q2 가장 많이 기억 나는 직장 동료에 대해 이야기해주시겠어요? 그 동료를 어떻게 만났는지 설명해주세요. 그 동료가 왜 그렇게 기억에 남나요?

저는 지금까지 수많은 동료들과 함께 일했는데, 그 중 한 명이 가장 기억납니다. 그 분의 이름은 스티븐이고, 전에 일했던 회사의 직속 상사입니다. 처음 그 분이 이끄는 팀에 들어갔을 때, 저는 첫 직장이니만큼 모든 일에 최선을 다하기로 굳게 결심했습니다. 하지만 저에게 주어진 일 중 일부는 제 능력을 훨씬 뛰어 넘는 일이었습니다. 도움이 필요했지만, 도움을 요청하면 사람들이 저를 과소 평가할까봐 걱정되었습니다. 어느 날, 그 상사 분은 저에게 커피를 한 잔 하자고 했습니다. 그 분도 첫 직장에서 힘든 시간을 겪었고, 누군가에게 도움을 받기를 바랐다고 했습니다. 그리고는 도움이 필요하면 언제든 도움을 요청하라고 했습니다. 그 분은 저를 쭉 지켜보고 있다가, 제 자존심을 해치지 않는 방법으로 저에게 다가오셨습니다. 그 분 밑에서 3년을 일했고, 함께하는 매 순간이 즐거웠습니다. 우리는 아직도 연락을 하고 지내며, 그 분은 제가 길을 잃었을 때 항상 의지할 수 있는 분입니다.

Q3 당신은 직장 동료와 문제를 겪었을 수도 있습니다. 무엇이 문제였나요? 그 문제를 어떻게 해결했나요? 자세히 이야기해주세요.

저는 지금까지 세 회사에서 일했고, 두 번째 회사에서는 아르바이트로 시작해 정직원이 되었습니다. 3개월을 채우고 난 뒤, 매니저님은 제가 승진을 하게 될 거라고 알려주셨습니다. 기분이 정말 날아갈 것 같았습니다! 저의 승진 소식이 발표되었고, 동료들과 저는 축하주를 마시러 가기로 했습니다. 우리는 저녁을 먼저 먹고 술집으로 갔습니다. 술을 몇 잔 마셨는데, 동료들 중 한 명이 저에게 다가왔습니다. 그녀는 술이 꽤 취한 듯했고, 제가 승진할 자격이 없다고 말했습니다. 그녀는 자기가 저보다 그 직무에 더 적합하다는 말도 했습니다. 기분이 너무 나빠서 뭐라고 하고 싶었지만, 그냥 술집을 나가기로 했습니다. 그녀는 다음 날 회사에서, 승진을 못해 속상했지만 그런 식으로 감정을 표출한 건 잘못된 일이라며 저에게 사과를 했습니다. 저는 그녀의 솔직함과 진정성에 깊이 감동 받았습니다. 우리는 이 문제를 잘 해결했고, 그 뒤로 그녀와는 문제가 없었습니다.

Chapter 04 — Company & Work

STEP 1 — About the Topic

출제 유형 따라잡기

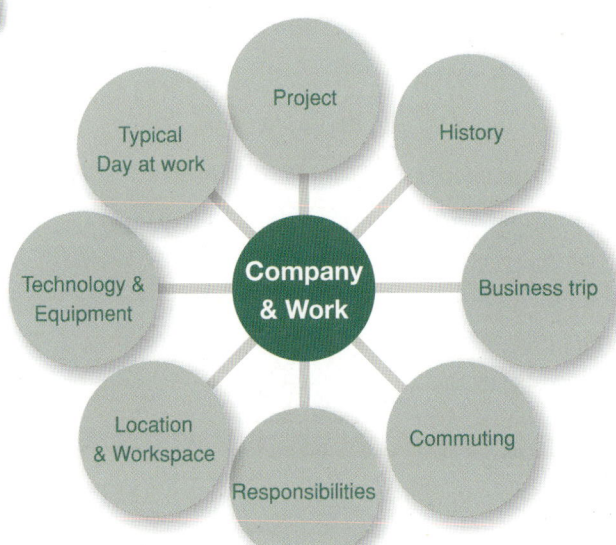

실전 문제 미리 보기

문제 난이도 ★

1. Please describe your company. Tell me about the products or services which it offers.
2. You indicated in the survey that you work. I'd like to know about your company. Where is it located? What kinds of products or services does it offer? Please describe it in detail.

문제 난이도 ★★

1. Tell me about the kinds of technology and equipment you use at work.
2. Tell me about a project you worked on recently. What was your responsibility? Give me a detailed description of your recent project

문제 난이도 ★★★

1. What kind of technology do you use the most these days? Please tell me about your experiences using that technology.
2. Describe the first project you participated in at work. What was it about and what did you have to do? How was it different from the work you are doing currently?

STEP 2   Build your Vocab

회사내의 여러 부서

- Planning Department
- General Affairs Department
- Accounting Department
- Management Department
- Personnel Department
- Human Resources Department
- Marketing Business
- Quality Control Team
- Research and Development
- Design Team
- Technical Research Center
- Research Institute
- branch
- overseas branch
- plant
- factory
- training institute

회사에서의 여러 업무

- survey
- research
- report to boss
- finish
- complete
- make a presentation
- require
- order
- look over
- check
- plan
- arrange
- organize
- coordinate
- supervise
- make a report
- design
- go on a business trip
- take a night shift

STEP 3　Actual Combo Questions

Q1 You indicated in the survey that you work. I'd like to know about your company. Where is it located? What kinds of products or services does it offer? Please describe it in detail.

Brainstorming　회사에 대해 이야기할 때 필요한 아이디어를 정리해 보세요.

```
                        회사
         ┌───────────────┼───────────────┐
   • 회사의 위치      • 회사의 사업분야     관련 업종 및
   • 회사의 주변      • 대표적인 상품        부가 상품
   • 출퇴근 정보      • 제공 서비스
```

Key Words

1 회사의 기본 정보	① 회사의 위치는 어디인가? ② 회사 주변에는 어떤 것이 있는가? ③ 회사의 위치의 특장점은?	
2 회사의 대표 상품	① 회사는 어떤 분야의 업종인가? ② 회사의 대표 상품은 무엇인가?? ③ 동일 업종에서의 위치는?	
3 회사의 대표 서비스	① 회사가 제공하는 대표 서비스는? ② 관련 상품이나 업종이 있는지?	

Model Answer

Key Words를 이용해 구성한 답변을 확인 해 보세요.

1 My company is **located in the southern part of Seoul called Gangnam**. Since the office is not very far from a subway station, and because we have several bus stops nearby, it is **quite easy for me to commute**. There are also a lot of restaurants, bars, and cafes in this neighborhood, so I can enjoy savory meals at lunchtime. On top of being such an **accessible and convenient neighborhood**, I also like the work I do. **2** The company that I am working for is an **IT company**. We make **security cameras** and **provide other security related services** as well. The security cameras that we sell are the top-rated security cameras on the market. These cameras are not only sold to other companies, but they are also sold on the Internet for household use. Some people like to install these cameras just in case of burglary. **3** My company **also provides security services** for some companies. We **train security guards** so that they can set certain security processes and follow the manuals, as well as dealing with the **many different security related devices that we make**.

Useful Vocab

- southern 남쪽의
- accessible 접근 가능한
- install~ ~을 설치하다
- commute 통근하다
- savory 맛있는
- process 과정, 절차
- on top of~ ~외에
- convenient 편리한
- device 장치

My Answer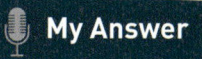

자신의 이야기를 답안으로 만들어 보세요.

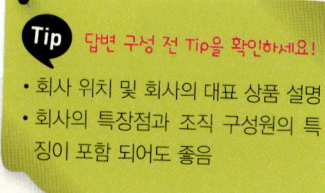

Tip 답변 구성 전 Tip을 확인하세요!
- 회사 위치 및 회사의 대표 상품 설명
- 회사의 특장점과 조직 구성원의 특징이 포함 되어도 좋음

Q2 Tell me about a project you worked on recently. What was your responsibility? Give me a detailed description of your recent project.

Brainstorming 최근 프로젝트에 대해 설명할 때 필요한 아이디어를 정리해 보세요.

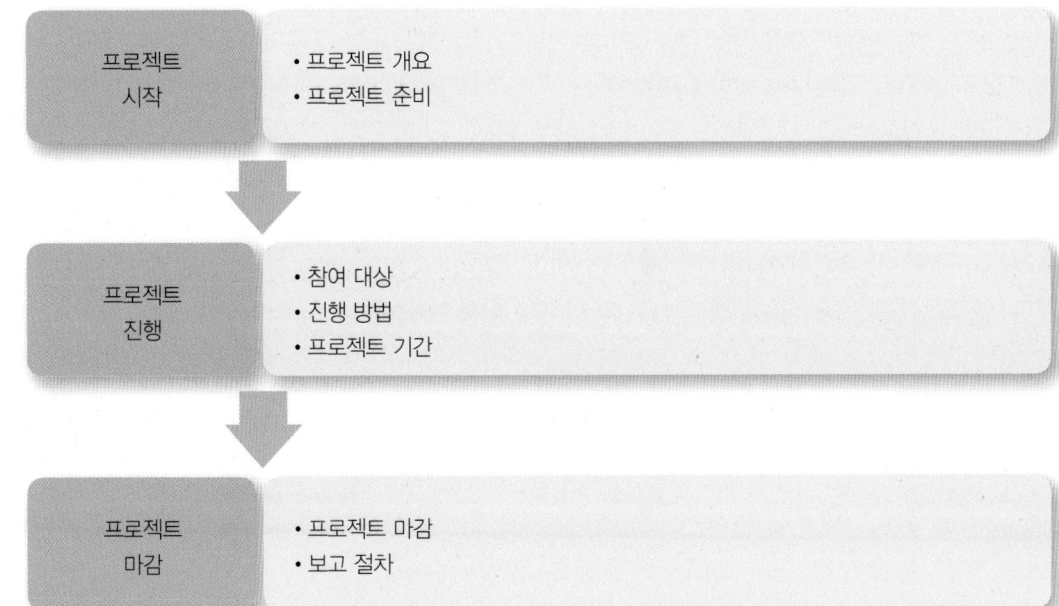

Key Words

1 최근에 맡은 프로젝트	① 어떤 형태의 프로젝트인가?
2 프로젝트 수행과정	① 가장 처음에 한 일은? ② 일을 하면서 어려웠던 점은? ③ 그 다음에 했던 일은?
3 프로젝트 마무리	① 프로젝트를 어떻게 마무리 했는가? ② 마지막으로 한 일은?

Model Answer
Key Words를 이용해 구성한 답변을 확인 해 보세요.

1 Recently, I participated on a **project to interview employees at our company** to find out how satisfied they are with their jobs. **2** I first had to call or e-mail them to set up appointments. Because my interviewees were assisting my employer, I had to be nice and as accommodating as possible. If the interviewees wanted to meet me before or after their regular work hours, I had to go talk to them then. If they wanted me to drive more than 3 hours to meet them, I had to do so. Once the appointment was set, I **went to meet the other staff, and bought a meal or a coffee**. With my cell phone, I **recorded everything they said**. I had to ask as many questions as possible to find out how they really felt about working at our company. Some interviewees tried to be elusive, thinking that their honest responses could be disadvantageous, so I had to ask more tactful questions to find out their real feelings. **3** After all the interview was done, I **had to come back to my office**, document the answers from the interviewees, and **report them back to my boss**.

Useful Vocab

- find out~ ~을 알아내다
- accommodating 수용적인
- elusive 이해하기 힘든
- tactful 요령 있는
- set up an appointment 약속을 잡다
- work hours 근무 시간
- disadvantageous 불이익을 받는
- document 문서화하다

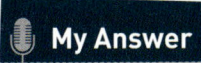 자신의 이야기를 답안으로 만들어 보세요.

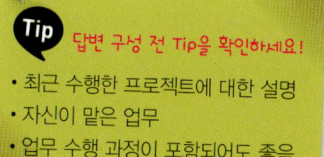
- 최근 수행한 프로젝트에 대한 설명
- 자신이 맡은 업무
- 업무 수행 과정이 포함되어도 좋음

Q3 Describe the first project you participated in at work. What was it about and what did you have to do? How was it different from the work you are doing currently?

Brainstorming 과거와 현재의 업무 변화에 대해 이야기 할 때 필요한 아이디어를 정리 해 보세요.

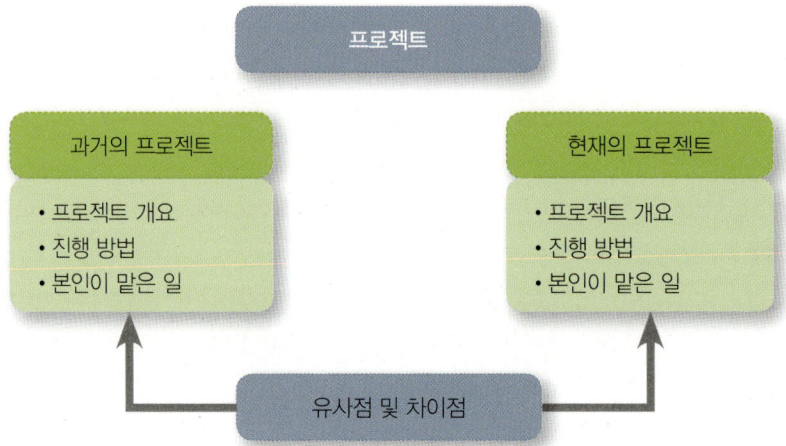

Key Words

1 프로젝트의 개요	① 과거에 맡았던 프로젝트와 현재 프로젝트가 차이가 있는지? ② 프로젝트는 어떤 것인지?
2 과거 프로젝트	① 과거 프로젝트에서 내가 한 일? ② 어떤 방법으로 진행했는지?
3 최근 프로젝트	① 최근 프로젝트에서 한 일? ② 업무 처리 방법의 변화는?
4 과거와 현재의 차이점	① 업무 스타일이나 업무의 영역의 변화는? ② 책임감이나 권한의 변화는?

Model Answer Key Words를 이용해 구성한 답변을 확인 해 보세요.

1 The first project that I participated when I entered this company was **not very different from** the one that I have finished most recently. I had to drive all over the country to meet other employees at our various offices and work sites. **2** My job back then was also finding out how satisfied the staffs were with the company culture and work environment. However, there are a few **differences between that first project and my most recent work**. **3** On my latest project, I was the project leader, so I had the added responsibility of calling other co-workers to help me with this project. I could choose my own assistants, and I could tell them to do some research and prepare some information in advance. **4** **On my first project**, I was one of these assistants. I was young then, and I **had less responsibility than I do now**. All I had to **do was do whatever I was told**. I didn't have to think about making appointments with others, nor did I think about accommodating other needs of the interviewees. I just **followed the lead of my boss**, which was a lot less stressful.

Useful Vocab

- participate 참여하다
- work site 일터
- assistant 보조원
- make an appointment with ~와 만날 약속을 하다
- stressful 스트레스가 많은
- all over the country 전국에
- work environment 근무 환경
- do research 조사를 하다
- needs 요구

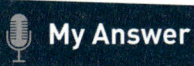 **My Answer** 자신의 이야기를 답안으로 만들어 보세요.

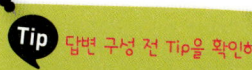 답변 구성 전 Tip을 확인하세요!
- 처음 맡은 프로젝트와 현재 업무의 차이점
- 업무 경험이 쌓이면서 업무의 변화가 드러나면 좋음
- 업무 상 발전이나 그에 대한 성과를 이야기

04

Chapter Review   Company & Work

Chapter 4.mp3

음원을 들으며 해석을 보고 이번 Chapter 내용을 복습해 보세요.

Q1 당신은 설문에서 일을 한다고 했습니다. 당신의 회사에 대해 알고 싶습니다. 회사는 어디에 있나요? 어떤 종류의 상품과 서비스를 제공하는 회사인가요? 자세히 설명해주세요.

우리 회사는 서울 남부의 강남이라는 곳에 있습니다. 사무실이 지하철역과 아주 멀지 않고, 근처에 버스 정류장이 많기 때문에 출퇴근이 쉽습니다. 이 지역에는 식당, 술집, 카페도 많이 있어서 점심 시간에 맛있는 식사를 할 수 있습니다. 이 지역의 접근성과 편의시설 말고도, 저는 제가 하는 일도 좋아합니다. 우리 회사는 IT회사입니다. 보안 카메라도 제조하고, 기타 보안 관련 서비스도 제공하고 있습니다. 우리 회사는 시장에서 가장 인기 있는 보안 카메라를 판매하고 있습니다. 보안 카메라는 기업에만 판매되는 것이 아니라, 가정용으로 인터넷으로도 판매됩니다. 어떤 사람들은 단순히 도난 대비를 위해 이 카메라를 설치하고 싶어합니다. 우리 회사에서는 타 회사에 보안 서비스도 제공합니다. 또 보안 절차를 설정하고, 매뉴얼을 준수하고, 우리 회사에서 제조한 여러 보안 장치를 다룰 수 있도록 보안 직원들을 교육시키는 일도 합니다.

Q2 당신이 최근에 참여했던 프로젝트에 대해 이야기해주세요. 당신이 맡은 일은 무엇이었나요? 최근에 했던 프로젝트에 대해 자세히 설명해주세요.

최근에 저는 직원들의 직무 만족도를 알아보기 위해 직원들을 면담하는 프로젝트에 참여했습니다. 제일 먼저, 약속을 잡기 위해 직원들에게 전화를 하거나 이메일을 보내야 했습니다. 제가 면담하기로 한 사람들은 사장님의 업무를 지원하는 일을 하고 있었기 때문에, 친절하게 대해야 했고 가능한 한 요구에 응해줘야 했습니다. 면담자들이 정규 업무 시간 이전이나 이후에 만나길 원하면, 그 시간에 그들을 만나러 가야 했습니다. 그들을 만나기 위해 3시간 이상을 차를 몰고 가야 하면, 그렇게 해야 했습니다. 약속이 정해지면, 직원들을 직접 만나서 제가 밥이나 커피를 샀습니다. 저는 그들의 이야기를 휴대전화로 모두 녹음했습니다. 그들이 회사에서 일하는 것에 대해 정말 어떻게 느끼는지 알아내기 위해 가능한 많은 질문을 해야 했습니다. 솔직하게 말하면 불이익이 생길까 봐 대충 얼버무리는 사람들도 있었기 때문에, 그들의 솔직한 감정을 알아내기 위해 좀 더 요령 있게 질문을 해야 했습니다. 모든 인터뷰가 끝나고, 저는 사무실로 돌아와 면담자들의 답변을 서류로 작성해 상사에게 보고했습니다.

Q3 회사에서 처음으로 참여했던 프로젝트에 대해 이야기해주세요. 어떤 내용의 프로젝트였고, 당신은 어떤 일을 해야 했나요? 최근에 하고 있는 일과는 어떻게 달랐나요?

처음 이 회사에 입사해 참여했던 프로젝트는 가장 최근에 끝낸 프로젝트와 크게 다르지 않습니다. 전국을 돌아다니며 여러 사무실과 사업장에서 일하고 있는 직원들을 만나보는 일이었습니다. 그 때도 제가 할 일은 직원들이 회사의 문화와 근무 환경에 대해 얼마나 만족하고 있는지 알아보는 것이었습니다. 하지만 첫 프로젝트와 최근의 프로젝트에는 몇 가지 다른 점이 있습니다. 최근 프로젝트에서는 제가 팀장을 맡았기 때문에, 다른 동료들에게 전화를 걸어 이번 프로젝트에서 저를 도와줄 수 있는지 추가로 알아봐야 했습니다. 보조원들을 직접 선발해서, 그들에게 사전 조사와 정보 수집을 지시할 수 있었습니다. 첫 프로젝트에서 저는 보조원들 중 한 명이었습니다. 당시, 저는 나이가 어렸고 지금보다 책임량이 작았습니다. 저는 그저 지시 받은 일만 하면 됐습니다. 다른 사람들과 약속을 잡기 위해 생각할 필요도, 인터뷰 대상자들의 요구를 수용하기 위해 생각할 필요도 없었습니다. 상사의 지시만 따르기만 했기 때문에 스트레스도 많이 받지 않았습니다.

Part 2 여가 취미 공략

Chapter 05 Movies
Chapter 06 Cafés
Chapter 07 Parks
Chapter 08 SNS
Chapter 09 Stocks
Chapter 10 Jogging
Chapter 11 Vacation
Chapter 12 Travel

Chapter 05 > Movies

STEP 1 — About the Topic

출제 유형 따라잡기

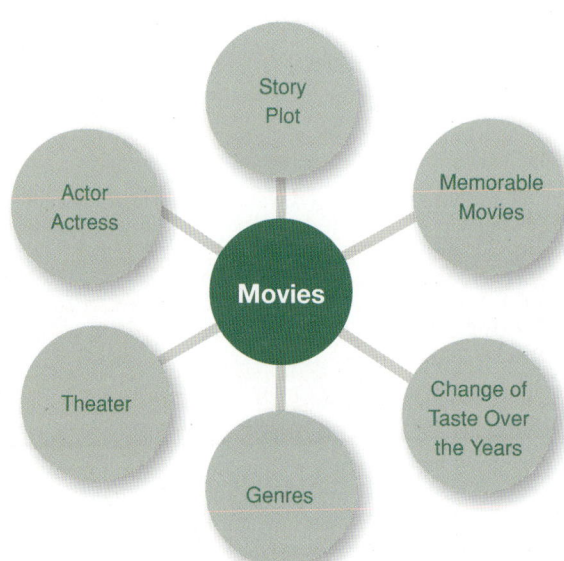

실전 문제 미리 보기

문제 난이도 ★

1. Can you tell me about a movie theater you often go to? Where is it? Why is it better than other theaters?
2. What kind of movies do you like? Do you like action or comedy movies? Please tell me about the genre you like to see in detail.

문제 난이도 ★★

1. What activities do you normally do before, during, and after the movie?
2. I'd like you to tell me about one of the most memorable movies you've seen. What was the story about? Who was the main actor or actress? How did the movie affect you?

문제 난이도 ★★★

1. How have the movies changed over the years? Compare the past and present. What things are the same? What are different? Please tell me in detail.
2. Tell me about the movie that you saw recently. Who did you see the movie with? What was the movie about? How was the movie? Please tell me about your experience in detail.

STEP 2 Build your Vocab

좋아하는 영화에 대해 말하기

- I like all kinds of movies, but my favorite is ~, starring ~.
- The story is about ~
- The reason why I like it is because of ~.
- After I watched the movie, I felt that ~
- Through the movie, I learnt ~
- I would like to recommend the movie to anyone who likes ~

자주 가는 영화관에 대해 말하기

- be located at ~ in the ~
- It takes ~ from my home.
- go there by subway/bus/car/on foot
- There are many facilities like
- It has a membership card.
- get a discount/free movie tickets
- accumulate(membership) points
- I like the theater because of sound systems/ many screening rooms.

좋아하는 배우에 대해 말하기

- My favorite actor (actress) is ~
- He/she is good at acting.
- He/she usually plays the role of 역할.
- I became a big fan when I saw him/her act in the movie called 영화 제목.
- He/she seems like a nice person because_____

영화 보기 전/후에 하는 일

- check out movie reviews or movie ratings
- choose the movie
- make a reservation
- buy popcorn and a drink
- grab a coffee/beer
- talk about the movie
- share opinions on the story of the movie

STEP 3 — Actual Combo Questions

Q1 Can you tell me about a movie theater you often go to? Where is it? Why is it better than other theaters?

Brainstorming
자주 가는 영화관에 대한 아이디어를 정리 해 보세요.

- 영화관
  - 상영관
  - 위치
  - 영화관을 선택하는 이유
  - 식당 및 편의 시설

Key Words

1. 자주 가는 영화관
① 자주 가는 영화관은?
② 영화관의 위치는?
③ 영화관으로 가는데 걸리는 시간은?

2. 영화관의 특징
① 영화관의 특징은?
② 부대시설이나 편의 시설은 상황은?

3. 영화관의 규모 및 시설
① 상영관의 규모는?
② 상영 영화의 종류는?

4. 다른 영화관과의 차이점
① 다른 영화관과 다른 특징은?

Model Answer Key Words를 이용해 구성한 답변을 확인 해 보세요.

1 The movie theater I often go to **is called Max Movie** Theater. It's **located in my neighborhood** and it's only **a 5-minute drive away** from my house. **2** It's **a 1.0-story multiplex** and the cinema is **on four floors from 7 to 10**. There are other businesses in the building like **restaurants, clothing stores, coffee shops, and there's a bookstore**. **3** The theater has **12 screening rooms, a snack bar and an arcade**. Other movie theaters have fewer screens, so they only show current blockbusters. But this theater has **12 screens so it shows a lot of different movies** including independent films from all over the world. I like having lots to choose from. There are **6 stories of parking** so it never takes more than 10 minutes to find a parking spot. **4** **The best perk** this movie theater has is the discounts! One of the credit cards I use offers **a 30% discount** at this theater twice a month. How can you beat that?

Useful Vocab

- 5-minute drive 차로 5분 거리
- from all over the world 세계 각국의
- snack bar 간이식당
- perk 특혜
- blockbuster 블록버스터
- twice a month 월 2회

My Answer 자신의 이야기를 답안으로 만들어 보세요.

Tip 답변 구성 전 Tip을 확인하세요!
- 자주 가는 영화관 장소 묘사
- 영화관의 장점과 다른 영화관과의 차이점 비교 하기
- 영화관에서만 볼 수 있는 사물이나 장소의 특징이 포함

Q2 What activities do you normally do before, during, and after the movie?

Brainstorming 영화 관람의 일반적인 순서에 대한 아이디어를 정리 해 보세요

영화보기 전	영화보는 중	영화보기 후
• 누구와 보는지 • 어디서 보는지 • 예매는 어디서	• 영화 보면서 하는 행동	• 점심에 영화를 보는 경우 • 저녁에 영화를 보는 경우

Key Words

1 영화 보러 함께 가는 사람	① 영화를 주로 누구와 보는지? ② 영화를 어떤 기준에 의해 선택하는지?
2 영화 보기 전	① 영화 예매는 어떻게 하는지? ② 언제 영화 예매를 하는지? ③ 영화관에 가기 전 무엇을 하는지?
3 영화 보고 난 후	① 점심에 영화를 보는 경우 무엇을 하는지? ② 저녁에 영화를 보는 경우 무엇을 하는지?

Model Answer

Key Words를 이용해 구성한 답변을 확인 해 보세요.

1 I usually go to a movie theater with **my girlfriend** in the mid afternoon or late at night. I like to **plan things ahead of time** so when there's a movie that I want to see at a theater, first, I **go online to check out the reviews**. **2** If it seems like worth seeing in the theater, then I ask my girlfriend if she's interested too. Then I **book the tickets at least a day before** to get the seats I want. When we go to the movies in the afternoon, before the movie, I use the cinema app to **double check the time and seats**. Then I usually have lunch **with my girlfriend** and head to the theater. **3** After the movie, we usually **go to a book store or do some shopping**. When we see a late show, we meet for dinner before the movie. After the movie, we **go for a beer or coffee and talk about the movie**.

Useful Vocab

- late at night 밤늦게
- worth -ing ~할 가치가 있는
- late show 심야 영화
- ahead of time 미리
- at least 최소
- head to~ ~로 향하다
- go online 온라인에 접속하다
- double check~ ~을 다시 확인하다

My Answer

자신의 이야기를 답안으로 만들어 보세요.

Tip 답변 구성 전 Tip을 확인하세요!
- 영화 보러 가는 날 당일 기준으로 시간 순서대로 묘사
- 순서를 나타내는 first, second, last 등과 같은 표현을 사용하면 더욱 좋음

Q3 Tell me about the movie that you saw recently. Who did you see the movie with? What was the movie about? How was the movie? Please tell me about your experience in detail.

Brainstorming 최근에 본 영화에 대한 아이디어를 정리 해 보세요.

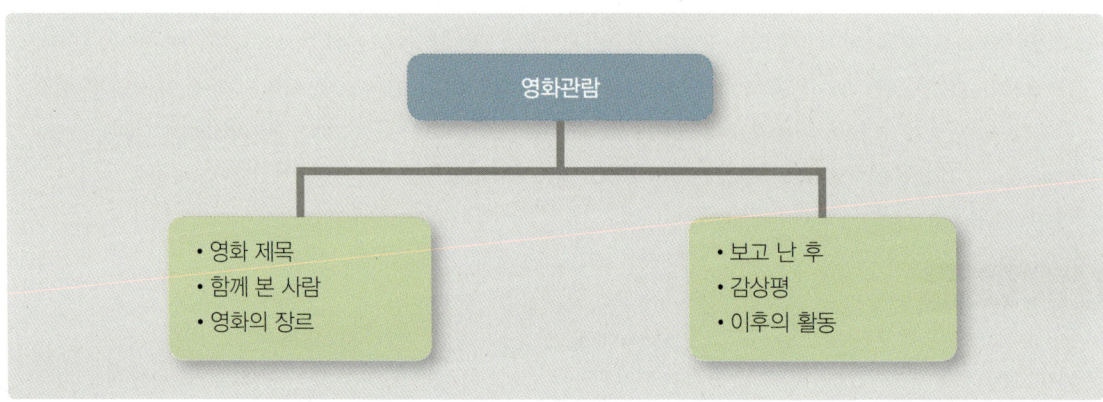

Key Words

1 최근 영화 관람	① 언제 영화를 보았는가? ② 누구와 함께 보았는가? ③ 무슨 영화를 보았는가?
2 영화 기본 정보	① 영화의 바탕이 되는 이야기는? ② 영화의 주인공은? ③ 영화의 줄거리는?
3 영화를 보고 난 후	① 영화에 대한 자신의 느낌은? ② 영화를 보고 무엇을 하였나?

Model Answer
Key Words를 이용해 구성한 답변을 확인 해 보세요.

1 Last weekend, **my friend** had a potluck party at his place. After dinner, we decided to watch **the movie called "12 Years a Slave"**. **2** It's **based on a true story** of one man's **fight for survival and freedom**. During the pre-Civil War Chapter in the States, a free black man from upstate New York is **abducted and sold into slavery**. He is bought by a harsh slave owner and **struggles not only to stay alive, but to retain his dignity**. After 12 years a Canadian abolitionist helps him **regain his freedom**. I was always very aware of slavery but this movie showed me a new yet horrifying side of the system. There were some parts where I **had to close my eyes and just turn away simply because I couldn't stand its cruelty**. **3** After the movie, nobody said a word. We all just **sat there in the dark until all the credits went up**. We still had some drink left in our cups but I could tell that **no one was in the mood for it**. Shortly after the movie, **we all went home**.

Useful Vocab

- based on~ ~을 바탕으로 한
- be sold into slavery 노예로 팔리다
- be aware of~ ~을 알다
- pre-~ ~이전의
- retain 유지하다
- horrifying 소름 끼치는
- abduct 납치하다
- dignity 위엄
- in the mood for~ ~할 기분이 나는

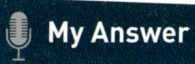 **My Answer** 자신의 이야기를 답안으로 만들어 보세요.

 Tip 답변 구성 전 Tip을 확인하세요!
- 최근 영화 본 경험 이야기 하기
- 영화관에서의 구체적인 에피소드를 포함하면 더욱 좋음

05

Chapter Review   Movies

Chapter 5.mp3

음원을 들으며 해석을 보고 이번 Chapter 내용을 복습해 보세요.

Q1 자주 가는 영화관에 대해 이야기해주세요. 어디에 있나요? 다른 영화관보다 좋은 이유는 무엇인가요?

제가 자주 가는 영화관은 맥스무비시어터라는 곳입니다. 우리 동네에 있는 영화관인데 차로 가면 집에서 5분밖에 안 걸립니다. 10층짜리 복합상영관이며 영화관은 7층부터 10층까지 4개 층에 있습니다. 건물 안에는 식당, 옷 가게, 커피숍과 같은 상점이 있고, 서점도 있습니다. 영화관에는 12개의 상영관, 스낵코너, 쇼핑공간이 있습니다. 다른 영화관은 상영관 수가 적어서 최근에 나온 블록버스터들만 상영합니다. 하지만 이 영화관은 상영관이 12개가 있어 세계 각국의 독립영화 등 여러 가지 다양한 영화들을 상영합니다. 저는 선택의 폭이 넓은 것을 좋아합니다. 주차장은 6층 규모라 주차 공간을 찾을 때도 10분 이상 걸리는 법이 없습니다. 이 영화관이 주는 최고의 혜택은 할인입니다! 제가 사용하는 신용카드 중 하나로 이 영화관에서 월 2회 30퍼센트 할인을 받을 수 있습니다. 정말 놀랍지 않나요?

Q2 영화를 보기 전, 영화를 보는 동안, 영화를 보고 나서 보통 어떤 활동을 하나요?

저는 보통 오후 3~4시경이나 밤늦게 여자친구와 영화를 보러 갑니다. 저는 미리 계획을 짜는 걸 좋아해서 영화관에서 보고 싶은 영화가 있으면 인터넷으로 먼저 감상평을 확인합니다. 영화관에서 볼만한 가치가 있을 것 같으면 여자친구도 그 영화를 보고 싶은지 물어봅니다. 그리고 원하는 좌석에 앉기 위해 최소 하루 전에는 표를 예매합니다. 오후 3~4시경 영화를 보러 가는 경우에는 영화를 보기 전 극장 앱에 접속해 시간과 좌석을 다시 한 번 확인합니다. 그리고 나서 보통은 여자친구와 점심을 먹고 영화관으로 갑니다. 영화가 끝나고 나면 대개 서점에 가거나 쇼핑을 합니다. 심야 영화를 보는 경우에는 여자친구랑 영화를 보기 전에 만나 저녁을 먹습니다. 영화가 끝나면 맥주나 커피를 마시며 봤던 영화에 대해 이야기합니다.

Q3 최근에 본 영화에 대해 이야기해주세요. 누구와 함께 영화를 봤나요? 무엇에 관한 영화였나요? 영화는 어땠나요? 봤던 영화에 대해 자세히 이야기해주세요.

지난 주말 친구집에서 포틀럭 파티가 있었습니다. 친구들과 저녁을 먹고 '노예 12년' 이라는 영화를 보았습니다. 실화를 바탕으로 한 영화로 생존과 자유를 얻기 위해 투쟁한 한 남자의 이야기입니다. 미국 남북 전쟁이 일어나기 전, 자유시민이었던 뉴욕 북부지방 출신의 한 흑인남자가 납치되어 노예로 팔립니다. 그는 가혹한 주인에게 팔려갔고, 생존뿐 아니라 자신의 존엄성을 지키기 위해 몸부림칩니다. 12년이 흐른 뒤, 한 캐나다인 노예 전폐론자가 그가 자유를 되찾을 수 있도록 돕습니다. 저는 노예라는 것에 대해 알고 있었지만 이 영화를 통해 노예제도의 새롭고도 소름끼치는 면을 보았습니다. 너무 잔인해서 눈을 감고 고개를 돌려버려야 하는 장면도 몇 있었습니다. 영화가 끝나고 나서는 아무도 말을 하지 않았습니다. 엔딩 크레디트가 다 오를 때까지 모두가 어둠 속에 그대로 앉아 있었습니다. 컵 속에는 음료수가 아직 남아 있었지만 모두들 마실 기분이 아니었습니다. 영화가 끝난 후 우리 모두 곧장 집으로 돌아갔습니다.

Chapter 06 > Cafés

STEP 1   About the Topic

출제 유형 따라잡기

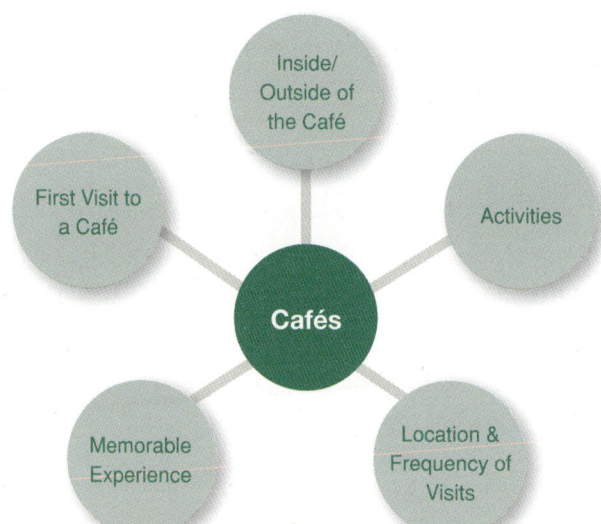

(Cafés: Inside/Outside of the Café, Activities, Location & Frequency of Visits, Memorable Experience, First Visit to a Café)

실전 문제 미리 보기

문제 난이도 ★

1. You indicated that you go to cafés or coffee shops. Describe what cafés or coffee shops look like in your country in general.
2. When was the last time that you went to a café? Where was the café located and who did you go there with? Why did you go to the café?

문제 난이도 ★★

1. What do people in your country do in the café or coffee shop?
2. What was the reason you first started to go to cafés? Do you remember your first visit to a café? Please tell me the full story of the day you went to the café for the first time.

문제 난이도 ★★★

1. How have cafés changed over the years? How have the changes affected people's lives?
2. Tell me about what people normally do when they go to cafés. What do you personally do there? Tell me everything about your experience of going to cafés.

STEP 2 Build your Vocab

다양한 Café
- takeout coffee shop
- sidewalk café
- book café
- Internet café

Café의 음료

[Coffee]
Espresso
Americano
Cappuccino
Mochaccino
Mocha
Macchiato
Café Latte
Café au lait

Café Vienna
Decaf coffee (decaffeinated coffee)
[Non-Coffee]
Tea
Yogurt
Smoothie
Juice/ade/squash
Hot/Iced chocolate

Café에서 하는 일
- read a book
- meet up a friend
- surf the Internet
- flip through magazines
- watch video clips
- work on a computer

음료 주문하기

For brewed coffee
- small
- medium
- large

For expresso drinks
- single shot
- double shots
- triple shots

Milk
- whole
- low-fat
- half and half
- soy
- whipping cream

STEP 3 | Actual Combo Questions

Q1 You indicated that you go to cafés or coffee shops. Describe what cafés or coffee shops look like in your country in general.

Brainstorming 우리나라의 커피숍을 소개할 때 필요한 아이디어를 정리 해 보세요.

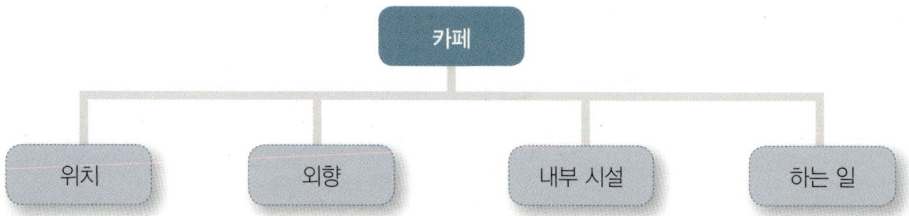

Key Words

1. 일반적인 특징
① 우리나라 커피숍의 일반적인 특징은 무엇인가?
② 위치나 규모의 특징이 있는가?

2. 카페의 내부
① 카페에 들어가면 보이는 것은?
② 그 주변에 있는 시설이나 사람은?

3. 영화를 보고 난 후
① 카페에 오는 사람들은 누구인가?
② 일반적으로 사람들이 하는 일은?

4. 마무리
① 카페의 공간적 요약
② 카페에 오는 사람들에 대한 요약

Model Answer Key Words를 이용해 구성한 답변을 확인 해 보세요.

1 Generally, Korean coffee shops need to **have a lot of seating for customers**. Although some people get their coffee to go, there are also a lot of people who like to **sit down and enjoy their drinks at the shop**. **2** When you enter a coffee shop in Korea, you **will first see the counter** and some clerks and baristas working behind it, and there **will be a menu board behind them** on the wall. Next to the counter, you will probably **see some snacks and desserts** that go well with coffee. Once you get your drink from the counter and turn around, you will be surprised to see how spacious the shop is, and just how many people are filling it up! There are **a lot of chairs, tables, couches, and desks**. **3** People in Korea not only enjoy a chat over a cup of coffee, but some of them also **read books**. Other people also study in coffee shops, and sometimes you'll see **an office worker with their laptop computers out and working**. **4** In general, **coffee shops in Korea are very spacious**, and they are usually **packed with people doing many different things**.

Useful Vocab

- seating 좌석, 자리
- go well with~ ~와 잘 어울리다
- spacious 널찍한
- in general 일반적으로, 전반적으로
- get something to go~ ~을 포장해 가다
- turn around 돌아서다
- fill up~ ~을 가득 채우다
- be packed with~ ~로 가득 차다

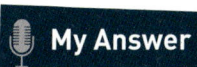 **My Answer** 자신의 이야기를 답안으로 만들어 보세요.

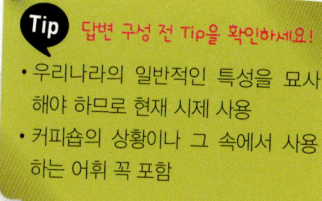

Tip 답변 구성 전 Tip을 확인하세요!
- 우리나라의 일반적인 특성을 묘사해야 하므로 현재 시제 사용
- 커피숍의 상황이나 그 속에서 사용하는 어휘 꼭 포함

Q2 What was the reason you first started to go to cafés? Do you remember your first visit to a café? Please tell me the full story of the day you went to the café for the first time.

Brainstorming 처음 카페에 갔던 경험을 이야기할 때 필요한 아이디어를 정리 해 보세요.

처음 카페에 간 때 → 카페에 간 이유 → 처음의 느낌이나 기분 → 그날의 에피소드

Key Words

1 처음 카페에 간 때	① 처음 카페에 간 때가 언제인가?	
	② 카페에 간 이유가 무엇인가?	
2 기분이나 느낌	① 처음 카페에 간 느낌은?	
	② 그 당시 상황은?	
3 에피소드	① 가서 한 행동은?	
	② 그 후의 상황이나 느낌은?	

Model Answer

Key Words를 이용해 구성한 답변을 확인 해 보세요.

1 The first time I went to a café was **just after I started college**. Back when I graduated high school, it was the norm for high school students to go to coffee shops in Korea. **Buying a drink and staying there for few hours was the mark of a college student**. So there I was, in a coffee shop, feeling like a real college student. **2** But the moment I entered and saw the menu, I **was very surprised**! The names like café latte, Americano, caramel macchiato **all seemed very exotic to me**. At the time, I liked America but I had never been there. So, I **picked Americano**, thinking that it would make me feel like a New Yorker. **3** I impatiently waited for my drink to be ready. However, when I **received my drink and tasted it**, I almost **threw up because of its bitter taste!** I had never known that a coffee would be that bitter and strong. I **started coughing**, and everyone in the coffee shop stared at me because I was coughing too hard. So **I ran out of there as quickly as I could, because I was so embarrassed**.

Useful Vocab

- visit 방문
- exotic 이국적인, 낯선
- cough 기침하다
- norm 표준, 규범
- impatiently 성급하게, 조바심하며
- stare at~ ~을 빤히 쳐다보다
- mark 표시, 증거
- throw up 토하다
- embarrassed 창피한, 당황스러운

My Answer

자신의 이야기를 답안으로 만들어 보세요.

Tip 답변 구성 전 Tip을 확인하세요!
- 카페에 처음 가게 된 배경 이야기 하기
- 사건의 처음과 끝이 잘 드러나도록 이야기 구성
- 중간에 에피소드가 있어 이야기 거리가 풍부하면 더 좋음

Q3 Tell me about what people normally do when they go to cafés. What do you personally do there? Tell me everything about your experience of going to cafés.

Brainstorming 카페에서 하는 일에 대한 아이디어를 정리 해 보세요.

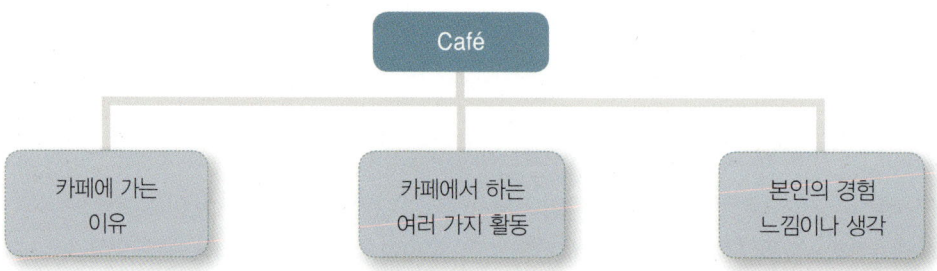

Key Words

1 카페에 가는 목적	① 카페에 가는 이유가 무엇인가? ② 그 카페는 어디에 있는가? ③ 즐겨 마시는 음료를 고르는 이유는?
2 원래 카페에 갔던 이유	① 카페에 가면 오래 머물렀는가? ② 이유는 무엇인가?
3 카페에서 하는 여러 가지 활동	① 카페에서 무엇을 하는가? ② 카페에서 얼마나 머무르는가? ③ 특별한 이유가 있는가?
4 마무리	① 카페에 가는 패턴에 대한 일반적인 설명

Model Answer Key Words를 이용해 구성한 답변을 확인 해 보세요.

1 When I first started going to cafés, it was **purely for a cup of coffee**. Every morning, I would go to a coffee shop near my campus just **to wake myself up with a good intake of caffeine**. **2** Because I had to go to classes on time, I ran into the coffee shop, **ordered, and dashed out of the place** so that I wouldn't be late for class. **3** However, as time went by, I learned to **enjoy the time that I spent in coffee shops**. I liked the music, the lights, the scent of roasted coffee beans, as well as the calm atmosphere. These days, I do what other Koreans normally do in coffee shops. I sometimes **meet my friends** there and **have a long chat**, or **I take a book to read**. Sometimes, I take my laptop computer and tons of assignments, and **stay there for six or seven hours on weekends to finish my assignments**. **4** For some reason, it is very easy to concentrate on works when I am in cafés, so whenever I **cannot focus on works, I pack everything and go to a café nearby**.

Useful Vocab

- personally 개인적으로
- go to class 수업에 들어가다
- dash 황급히 달려가다
- purely 순전히
- on time 시간에 맞춰
- atmosphere 분위기
- intake 섭취
- as time goes by 시간이 흐르면서
- for some reason 무슨 이유로

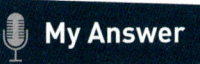 **My Answer** 자신의 이야기를 답안으로 만들어 보세요.

 Tip 답변 구성 전 Tip을 확인하세요!
- 카페에 가서 하는 일
- 개인의 일반적인 습관을 이야기 하므로 시제는 현재 시제 사용
- 행동의 순서를 이야기 하는 표현을 사용하면 효과적

06 Chapter Review Cafés

음원을 들으며 해석을 보고 이번 Chapter 내용을 복습해 보세요.

Q1 당신은 카페나 커피숍에 간다고 했습니다. 당신의 나라에 있는 카페나 커피숍은 보통 어떤 모습인지 설명해주세요.

일반적으로 한국의 커피숍에는 손님들이 앉을 자리가 많아야 합니다. 어떤 사람들은 커피를 주문해 가지고 나가기도 하지만, 많은 사람들은 매장 안의 자리에 앉아 음료를 마시는 것을 좋아합니다. 한국의 커피숍에 들어가면 가장 먼저 카운터와 그 뒤에서 일하는 점원과 바리스타가 보이고, 그 뒤쪽 벽에는 메뉴판이 있을 겁니다. 아마도 카운터 옆으로는 커피와 어울리는 간식거리나 디저트가 있을 겁니다. 음료를 받아 뒤를 돌아보면, 넓은 매장과 그 넓은 매장을 가득 채우고 있는 많은 사람들을 보고 깜짝 놀라실 겁니다! 매장 안에는 의자, 탁자, 소파, 책상이 많이 있습니다. 한국 사람들은 커피를 한 잔 하며 수다만 떠는 게 아니라, 어떤 사람들은 책을 읽기도 합니다. 커피숍에서 공부를 하는 사람들도 있고, 가끔은 직장인들이 노트북 컴퓨터를 가져와 일하는 모습도 볼 수 있습니다. 일반적으로 한국의 커피숍은 아주 넓고, 보통 여러 가지 다른 일을 하는 사람들로 가득합니다.

Q2 처음에 커피숍을 가기 시작한 이유는 무엇이었나요? 카페를 처음 방문했던 때가 기억나나요? 처음으로 카페에 갔던 날에 대해 전반적으로 이야기해주세요.

처음으로 카페에 갔던 때는 대학에 갓 입학하고 나서였습니다. 고등학교 졸업 당시, 한국의 고등학생들 사이에서 카페에 가는 것이 관례였습니다. 음료를 사서 카페에 몇 시간 동안 앉아 있는 건 대학생의 상징이었죠. 그래서 커피숍에 있으면 저는 진짜 대학생이 된 것 같았습니다. 하지만 커피숍에 들어가 메뉴판을 보는 순간 깜짝 놀랐습니다! 카페라떼, 아메리카노, 캐러멜 마끼아또와 같은 이름들이 모두 너무 생소했습니다. 그 당시 저는 미국을 좋아했지만 가본 적은 없었습니다. 그래서 뉴요커가 된 기분을 느끼려고 아메리카노를 선택했습니다. 조바심을 내며 주문한 음료가 준비되기를 기다렸습니다! 하지만 음료를 받아서 맛을 봤을 때, 쓴 맛 때문에 거의 토할뻔했습니다. 커피가 그렇게 쓰고 강한 맛인지 전에는 미처 몰랐던 겁니다. 기침을 하기 시작했는데, 너무 심하게 했던지 커피숍 안에 있던 사람들 모두 저를 쳐다봤습니다. 너무 창피해서 커피숍을 재빨리 뛰어 나왔습니다.

Q3 사람들은 보통 카페에 가서 무엇을 하는지 이야기해 주세요. 당신이 카페에서 개인적으로 하는 일이 있다면 무엇인가요? 카페에 갔던 경험에 대해 모두 이야기해주세요.

처음에는 순전히 커피를 마시기 위해 카페에 가기 시작했습니다. 매일 아침 충분한 카페인을 섭취함으로써 단순히 잠을 깨려고 학교 근처에 있는 커피숍에 갔습니다. 시간에 맞춰 수업에 들어가야 했기 때문에, 늦지 않으려고 커피숍으로 달려가 주문을 하고 재빨리 뛰쳐나왔습니다. 하지만 시간이 흐르면서 커피숍에서 시간을 즐기는 법을 배웠습니다. 음악, 조명, 커피콩 볶는 향기, 차분한 분위기가 좋았습니다. 요즘은 저도 한국인들이 커피숍에서 하는 것들을 다 합니다. 커피숍에서 친구를 만나 길게 수다를 떨기도 하고, 책을 가져가 읽기도 합니다. 가끔은 노트북 컴퓨터와 많은 과제를 가져가 주말에 과제를 마칠 때까지 여섯 일곱 시간씩 있기도 합니다. 무슨 이유인지 카페에 가면 쉽게 집중할 수 있기 때문에 집중이 잘 안 될 때는 짐을 다 싸서 근처에 있는 카페로 갑니다.

Chapter

07 Parks

STEP 1   About the Topic

출제 유형 따라잡기

 실전 문제 미리 보기

문제 난이도 ★

1. You indicated in the survey that you like to go to parks. Tell me about your favorite park. Where is it located and what can you enjoy there? Describe the park in as much detail as possible.
2. How often do you go to a park? Who do you go with? What do you usually do in the park?

문제 난이도 ★★

1. Tell me about what you did when you went to the park last time. Give me details from the first to the last thing you did. Was the experience enjoyable?
2. Have you had any memorable experiences at a park? Who did you go with? What happened there? Please tell me about it in as much detail as possible.

문제 난이도 ★★★

1. Which do you prefer, going to the park or going to the café? Why is it better? Explain your reasons in detail.
2. How has your favorite park changed through the years? What do you think caused the changes?

STEP 2 Build your Vocab

공원의 종류

- public garden
- national park
- natural park
- river park
- theme park
- amusement park

공원의 여러 시설

- pathway
- walking trail
- bike path
- cycle track
- river walk
- pavilion
- drinking fountain
- grassy lawn
- playground
- water fountain
- street lamp
- exercise equipment
- stand
- bubbler

공원에서 하는 일

- have a picnic
- bring lunch boxes
- enjoy the sunshine
- listen to music
- take a nap, chat
- read a book
- relax
- ride a bicycle
- go rollerblading
- go in-line skating
- go for a walk
- enjoy a cup of coffee
- go swimming
- play basketball
- go camping

공원에서의 경험

- As soon as I arrived at the park, I looked for a nice spot to spread our mat.
- For a while, I chatted with my friends/family.
- After that, we went to ride a bicycle/went for a walk.
- While I was ~, I felt ~.
- Soon, I felt hungry/thirsty/a little tired so~.
- When I~, it was already getting dark.
- I felt happy because I had such a good time with my friends/family.

STEP 3 Actual Combo Questions

Q1 You indicated in the survey that you like to go to parks. Tell me about your favorite park. Where is it located and what can you enjoy there? Describe the park in as much detail as possible.

Brainstorming 가장 좋아하는 공원을 소개할 때 필요한 아이디어를 정리 해 보세요.

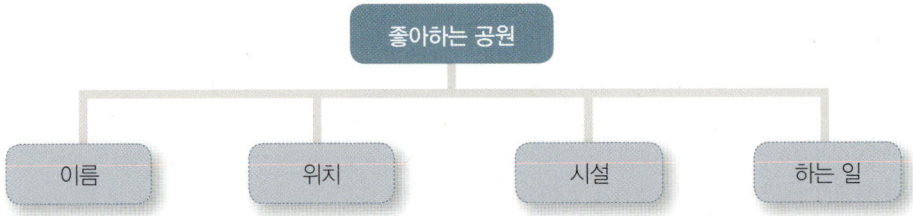

Key Words

1 일반적인 특징	① 좋아하는 공원은? ② 공원의 위치는? ③ 그 공원의 장점은?
2 공원의 특징	① 공원의 자연환경은? ② 공원의 시설물은?
3 공원에서 하는 일	① 공원에서 하는 일은?

Model Answer Key Words를 이용해 구성한 답변을 확인 해 보세요.

1 The name of my favorite park is **Yuldong Park**, and it **is located in** the middle of my town, which is called Bundang. I love this place because it basically has **everything that you would expect from a park**. It is located near a small mountain, so it **has clean air**. **2** The park is **packed with tall trees, so it is very cool in summer and colorful in fall**. When the leaves change color, a lot of families come visit this place to take pictures. This park also has a small lake, so children often feed the **ducks that live here with the small snacks they bring**. **3** Thanks to this lake, people can also enjoy **bungee jumping in the middle of the park**. I have never tried bungee jumping, but I want to try it someday. Other than feeding ducks and going bungee jumping in the lake, one can also take a **walk around the lake**. Some people **rent bicycles or even tricycles** for their children, so these people **take a different route when they want to ride bikes**. When people get tired of walking or riding bicycles, they can always **take a short break and enjoy the fresh air on benches** lined up along the path.

Useful Vocab

- basically 기본적으로
- feed~ ~에게 먹이를 주다
- take a different route 다른 경로를 취하다
- get tired of~ ~이 싫증나다
- line~ ~을 따라 늘어서다
- expect from~ ~에 기대하다
- tried –ing ~을 한 번 시도해보다
- walk around 주변을 걷다
- take a break 휴식을 취하다

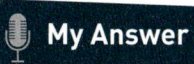 **My Answer** 자신의 이야기를 답안으로 만들어 보세요.

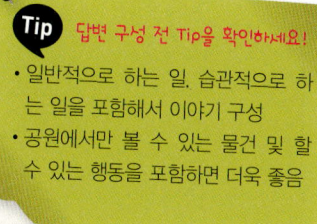

- 일반적으로 하는 일. 습관적으로 하는 일을 포함해서 이야기 구성
- 공원에서만 볼 수 있는 물건 및 할 수 있는 행동을 포함하면 더욱 좋음

Q2 Tell me about what you did when you went to the park last time. Give me details from the first to the last thing you did. Was the experience enjoyable?

Brainstorming 최근에 갔던 공원에서의 경험을 이야기할 때 필요한 아이디어를 정리해 보세요.

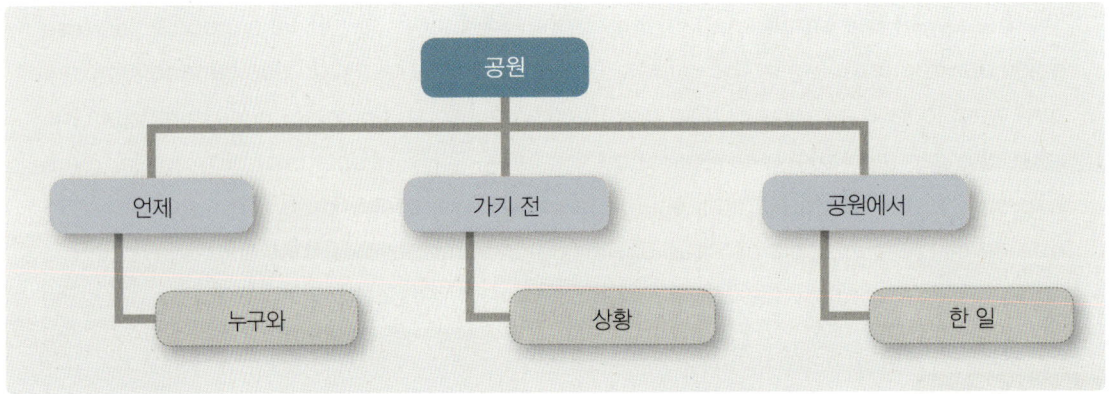

Key Words

1 공원 간 때	① 공원을 마지막으로 간 것은 언제인가? ② 공원에 간 이유는? ③ 누구와 함께 갔는가?
2 공원에 가기 전	① 공원에 가기 전 상황은? ② 공원에 가지고 간 것은? ③ 공원에 간 방법은?
3 공원에서	① 공원에서 한 일은? ② 공원에서 집에 언제 어떻게 왔는가?

Model Answer Key Words를 이용해 구성한 답변을 확인 해 보세요.

1 The last time my family and I went to the park was **last weekend**. At first, we weren't sure if we could go, because the weather forecast said that it **might rain that day**. However, when we woke up the next morning, the **sky was clear and the temperature was mild**. **2** Since the weather was on our side, we **decided to pack up a lunch** and go! We prepared some snacks and **something to sit on** so that we could enjoy a small picnic once we got there. Then my husband, my daughter, and I got in our car and drove to the park. **3** When we got near the park, we saw **a lot of cars parked nearby**. We parked the car on a nearby side street, and took all of our stuffs from the trunk. By the time we entered the park, my six-year-old daughter was **already very excited, so she started jumping**. We **found some shade where to spread** out our mat, and then we **unpacked our lunch**. Of course, my daughter **was too excited to eat lunch**, so all she did was **run around the field**. Once my daughter had **exhausted herself running**, my husband and I took her to the car and we **went back home**.

Useful Vocab

- enjoyable 즐거운
- drive to~ 차를 몰고 ~로 가다
- spread out~ ~을 깔다
- temperature 기온, 온도
- nearby 인근의, 인근에
- unpack~ ~을 꺼내다, 풀다
- be on one's side ~의 편이다
- by the time~ ~할 무렵
- exhausted 기진맥진한

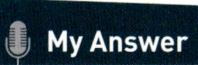 **My Answer** 자신의 이야기를 답안으로 만들어 보세요.

 Tip 답변 구성 전 Tip을 확인하세요!
- 공원에 갔던 마지막 경험 묘사
- 공원에서의 경험을 처음부터 끝까지 시간 순서대로 설명하는 것이 좋음
- 공원에서의 상황이나 사건의 흐름을 구체적으로 설명할수록 좋음

Q3 How has your favorite park changed through the years? What do you think caused the changes?

Brainstorming 자주 가는 공원의 변화에 대한 아이디어를 정리해 보세요.

공원의 예전 모습 → 공원의 변화 원인 → 변화된 공원의 모습 → 변화한 공원의 장단점

Key Words

1 공원의 변화
① 공원이 변했는가?
② 변화의 정도는 어떤가?
③ 변하기 전에는 어땠는가?

2 변화의 원인
① 변화의 이유는 무엇인가?
② 누가 변화 시켰는가?
③ 어떤 활동을 했는가?

3 사람들의 변화
① 공원에 오는 사람들에게 변화가 생겼는가?
② 공원에 오는 사람들은 무엇을 할 수 있는가?

4 변화 후 장단점
① 공원이 바뀌고 좋은 점은?
② 공원이 바뀌고 나쁜 점은?

Model Answer

Key Words를 이용해 구성한 답변을 확인 해 보세요.

1 My favorite **park has changed in two different ways**, both in how it looks and also in the people who use it. The park **used to have a very smelly swamp** instead of the clear lake that it has now. **Nobody wanted to go near this swamp** because the water was stagnant and smelled awful. Since it was standing water, there were lots of mosquitos as well. **2** A few years ago, the City Council **decided to clean up the lake**, and it became the perfect place for children to learn about the nature. **3** They now **can feed the ducks** that live on the lake, and they can also **observe how these ducks and the fish in the lake live**. **4** Since the park was cleaned up, the visitors to the park have also changed. In the past, there were not many people who bothered to go to the park. The town has grown, though, and more and more people **are now going to the park to exercise or sunbathe**. It has **become rather crowded**, and sometimes I miss the way it used to be when there weren't as many people around.

Useful Vocab

- cause~ ~을 야기하다
- stagnant 고여 있는, 정체된
- observe~ ~을 관찰하다
- smelly 냄새 나는
- awful 지독한
- bother to~ ~하려고 애를 쓰다
- swamp 늪
- standing water 고여 있는 물
- crowded 붐비는, 복잡한

My Answer

자신의 이야기를 답안으로 만들어 보세요.

 답변 구성 전 Tip을 확인하세요!
- 세월이 흐름에 따라 공원의 변화를 묘사
- 변화의 원인과 그에 따른 변화된 점을 구체적으로 설명하는 것이 좋음

07

Chapter Review Parks

Chapter 7.mp3

음원을 들으며 해석을 보고 이번 Chapter 내용을 복습해 보세요.

Q1 당신은 설문에서 공원에 가는 것을 좋아한다고 했습니다. 가장 좋아하는 공원에 대해 이야기해주세요. 어디에 위치하고 있으며, 그곳에서 즐겨 하는 것은 무엇인가요? 공원에 대해 가능한 한 자세히 묘사해주세요.

제가 가장 좋아하는 공원은 율동공원이고, 우리 동네 분당의 중심부에 위치하고 있습니다. 이 공원은 기본적으로 공원에서 기대할 수 있는 모든 것을 갖추고 있기 때문에 저는 이 공원을 좋아합니다. 이 공원은 작은 산 근처에 있기 때문에 공기가 맑습니다. 공원에는 키가 큰 나무들이 가득 해 여름에는 무척 시원하고 가을에는 울긋불긋합니다. 나뭇잎 색이 바뀔 때쯤엔 많은 가족들이 이 공원에 와서 사진을 찍습니다. 공원 안에는 작은 호수도 있어서 아이들은 종종 과자를 가져와 호수 안의 오리들에게 먹이를 줍니다. 이 호수 덕분에 공원 한가운데에서 번지점프도 즐길 수 있습니다. 저는 번지점프를 한 번도 시도해보지 않았지만 언젠가는 해보고 싶습니다. 호수에서 오리에게 먹이를 주고 번지점프를 하는 것 말고도 그 주변을 거닐 수도 있습니다. 어떤 사람들은 자전거, 혹은 세발 자전거까지 빌려서 아이들을 태우기도 하기 때문에 자전거를 탈 때는 다른 길에서 타야 합니다. 산책이나 자전거 타기가 싫증나면 언제라도 길을 따라 서있는 벤치에 앉아 잠시 휴식을 취하고 신선한 공기를 마실 수 있습니다.

Q2 마지막으로 이 공원에 갔을 때 무엇을 했는지 이야기해주세요. 한 일에 대해 처음부터 끝까지 자세히 말해주세요. 즐거운 경험이었나요?

마지막으로 가족과 함께 이 공원에 간 것은 지난 주말이었습니다. 처음에는 일기 예보에서 그날 비가 온다고 해서 갈 수 있을지 확실치 않았습니다. 하지만 다음날 아침에 일어나 보니 하늘은 맑고 기온은 온화했습니다. 날씨가 좋아서 우리는 점심을 싸서 공원에 가기로 했습니다. 공원에서 간단한 소풍을 즐길 수 있도록 간식거리와 앉을 자리를 챙겼습니다. 그 다음 남편과 딸과 저는 차를 타고 공원으로 갔습니다. 공원 근처에 도착하니 주변에 주차된 차가 많았습니다. 우리는 길옆에 차를 세워두고 트렁크에서 짐을 모두 꺼냈습니다. 공원에 들어설 때쯤엔 6살배기 딸아이가 벌써부터 신이나 방방 뛰기 시작했습니다. 우리는 그늘을 찾아 돗자리를 깔고 도시락을 꺼냈습니다. 물론, 딸아이는 너무 신이 나서 먹지도 않고 들판을 뛰어다녔습니다. 아이가 뛰어 놀다 지쳤을 때, 남편과 저는 아이를 차에 태우고 집으로 돌아왔습니다.

Q3 당신이 가장 좋아하는 공원은 요 몇 해 동안 어떻게 변했나요? 변화의 원인은 무엇이라고 생각하나요?

제가 가장 좋아하는 공원은 그 모습과 공원을 이용하는 사람들, 이 두 가지 면에서 변했습니다. 전에는 공원에 지금의 깨끗한 호수가 아닌 악취가 나는 늪이 있었습니다. 물이 고여 있어서 냄새가 지독했고, 고여 있는 물이라 모기가 많아서 아무도 이 늪 근처에 가려고 하지 않았습니다. 몇 해 전 시의회에서 호수를 정화하기로 결정했고, 호수는 아이들이 자연을 배울 수 있는 최적의 장소가 되었습니다. 이제 아이들은 호수에 살고 있는 오리들에게 먹이를 줄 수 있고, 오리와 물고기가 그 안에서 어떻게 살아가는지 관찰할 수 있습니다. 공원이 정화되자 공원을 찾는 사람들도 바뀌었습니다. 과거에는 굳이 공원에 가려고 하는 사람들이 많지 않았습니다. 하지만 도시가 커지고, 점점 더 많은 사람들이 운동이나 일광욕을 하기 위해 이 공원에 갑니다. 지금은 공원이 다소 북적거려서 가끔은 주변에 사람이 많지 않던 때가 그립기도 합니다.

Chapter 08 > SNS

STEP 1 — About the Topic

출제 유형 따라잡기

실전 문제 미리 보기

문제 난이도 ★

1. What is your favorite SNS site? Why do you like it? Tell me about the site in detail.
2. You indicated that you post messages on social networking sites. What do you usually do on the Internet? How often do you use the Internet? Tell me about your Internet usage patterns in detail.

문제 난이도 ★★

1. What do you think are the advantages and disadvantages of social networking services? Explain your answer in detail.
2. Tell me about a post that you remember. Maybe it was something that you put up, or it was by another person. Was a picture or a video clip attached to it? Give me all the details about that post and why it was memorable.

문제 난이도 ★★★

1. I'd like to know how you first became interested in using the Internet. How has your interest changed or developed since then?
2. How did you first get interested in using SNS? How has your interest in SNS changed over the years?

STEP 2 Build your Vocab

SNS 사이트의 종류

[Twitter]
- follow
- follower
- retweets
- the fastest news source.

[Facebook]
- click like
- comment on the wall
- the largest social network

[Instagram]
- follow
- follower
- click like
- comment
- share photos and videos

SNS를 사용하는 이유

- collaborate with other people
- communicate with friends
- view content
- find information
- share one's thoughts/pictures
- share every detail of daily life
- plan event, join groups

SNS를 하는 장소

- at home
- at school
- in an office
- at restaurant/café
- on public transportation
- on the trip

SNS를 하는 기기

- desktop
- laptop
- smartphone
- tablet pc
- digital camera
- smart TV

STEP 3 Actual Combo Questions

Q1 You indicated that you post messages on social networking sites. What do you usually do on the Internet? How often do you use the Internet? Tell me about your Internet usage patterns in detail.

Brainstorming
자신의의 인터넷 사용 패턴에 대한 아이디어를 정리 해 보세요.

인터넷 사용빈도 → 인터넷을 통해 하는 일 → 사용 순서 → 인터넷에 대한 생각

Key Words

1 인터넷 사용 빈도
① 인터넷을 하루에 얼마나 사용하는가?
② 일주일 동안 사용량은?
③ 언제, 어디서 사용하는가?

2 인터넷으로 하는 일
① 인터넷을 이용해서 하는 일이 무엇인가?
② 그런 일을 하는 이유는 무엇인가?

3 구체적인 예시
① 인터넷을 사용하는 구체적인 예는?
② 가장 처음에 하는 일은?
③ 하는 방법은?

4 인터넷에 대한 생각
① 인터넷에 대한 본인의 생각은?

Model Answer
Key Words를 이용해 구성한 답변을 확인 해 보세요.

1 I am an Internet addict. I use the Internet **more than five times a day**. Technically, I am always **logged on to my social networks 24/7**, because I **carry my smartphone everywhere**. **2** I like to **do everything online**. I like to **post my opinion online**, see how many people "like" my thoughts, and how many people are jealous of my experiences. I want to make others jealous looking at the **photos I post** and when they do, I feel like a better person than they are. I also like to **use the Internet for information**. **3** For example, when I have to get somewhere for the first time, the first thing I do is **open a browser window** and either search for directions with a search engine or ask my friends on my social networking sites. One of the reasons that I cannot quit using social networking is because of my smartphone. Whenever someone **adds a comment**, there is **a pop-up alarm on my phone** that doesn't go away unless I log in and check the message. **4** I don't think I would be **able to survive without the Internet**.

Useful Vocab
- post~ ~을 게시하다
- addict 중독자
- browser window 검색 창
- on the Internet 인터넷 상에서
- technically 엄밀히 말하면
- popup 튀어나오는, 나타나는
- usage 사용
- log on to~ ~에 접속하다
- alarm 신호

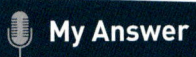 **My Answer** 자신의 이야기를 답안으로 만들어 보세요.

 Tip 답변 구성 전 Tip을 확인하세요!
- SNS 사용과 관련된 개인의 습관
- 자신의 SNS 사용 패턴을 이야기 해야 하므로 현재 시제 사용
- SNS를 하는 시간이나 사용 장소, 기기, 사용 방법에 대해서 구체적으로 이야기

Q2 Tell me about a post that you remember. Maybe it was something that you put up, or it was by another person. Was a picture or a video clip attached to it? Give me all the details about that post and why it was memorable.

Brainstorming
기억에 남는 포스팅에 대한 아이디어를 정리 해 보세요.

> 기억에 남는 게시물 → 게시 시간 및 장소 → 게시물의 내용 → 개인적 느낌

Key Words

1 기억에 남는 게시물
① 기억에 남는 게시물은?
② 그 게시물을 어디서 보았는가?
③ 게시물의 제목은 무엇인가?

2 게시자
① 누가 게시한 것인가?
② 어떤 형태의 게시물인가?
③ 왜 그 게시물이 특별한가?

3 기억에 남는 이유
① 게시물이 기억에 남는 이유는?
② 그 게시물의 반응은?

4 본인의 느낌
① 그 게시물에 대한 본인의 생각은?
② 개인적인 의미가 있는가?

Model Answer
Key Words를 이용해 구성한 답변을 확인 해 보세요.

1 The post I remember best is **a video clip** that I saw on the Youtube, called "After Ever After". **2** It was **posted by a musician** who sang the whole **song a cappella by himself**. He recorded himself **singing the same song for four times**, and put the song in one video clip so that it would **look like four people are singing one song**. **3** The song was a parody of the princess songs of Disney. Because the **lyrics were very humorous** and the idea of doing a quartet alone was very new, the video clip quickly **became viral and the views skyrocketed**. **4** When I first saw this post, I was **very impressed** by his creativity. He created a story imagining what would have happened after each Disney princess got married to the prince. For example, he portrayed the princess Jasmine, from the animation Aladdin, worrying about her husband, because Aladdin was taken by the CIA as a terrorist. Another reason this video clip is memorable for me is because of the familiar Disney songs that he sings. Since I grew up watching Disney animations, listening to these **songs reminds me of my childhood memories**.

Useful Vocab

- post 게시글, 게시물
- parody 패러디, 풍자
- go viral 입 소문이 나다
- put up~ ~을 올리다
- humorous 익살스러운
- skyrocket 급등하다
- attach to 첨부하다
- quartet 4 중창, 4중주
- creativity 창의성

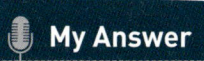 자신의 이야기를 답안으로 만들어 보세요.

 답변 구성 전 Tip을 확인하세요!
- 기억에 남는 SNS에 올린 포스팅에 대해 이야기
- 과거 에피소드를 이야기 해야 하므로 과거 시제 사용

Q3 I'd like to know how you first became interested in using the Internet. How has your interest changed or developed since then?

Brainstorming 자신의 인터넷 사용 변화에 대한 아이디어를 정리 해 보세요.

인터넷 사용 습관 ▶ 인터넷 사용 목적 ▶ 인터넷 접속 방법

Key Words

1 나의 인터넷 사용 변화	① 인터넷 사용방법이 변하였는가?

2 인터넷 사용의 변화	① 인터넷을 사용하는 목적이 변하였는가?
	② 예전에는 어떤 목적으로 사용했는가?
	③ 현재는 어떤 목적으로 사용하는가?

3 인터넷 접속 방법의 변화	① 예전에는 인터넷 접속은 어떻게 했는가?
	② 현재는 인터넷 접속은 어떻게 하는가?

Model Answer Key Words를 이용해 구성한 답변을 확인 해 보세요.

❶ My Internet usage has **changed in two different ways**. ❷ First is **how I use the Internet**. I first became interested in the Internet when I had just entered the college because of a group chat with my friends who also had just become freshmen. **Chatting online was very exciting**. So back when I was in college, my use of the Internet was mostly **for fun and entertainment.** On the other hand, as I grew older, the Internet became a source for **more in-depth information**. For example, whenever I faced a difficult parenting situation, the Internet became the first place I would **search for information**. ❸ Another change is **how I access the Internet**. Back in college, there were no smartphones, so I always had to look for a **desktop computer** nearby to use a web browser. This meant I didn't have enough access to the popular trends on the Internet, which made me less interested in online activities. Now, however, I can **access the Internet whenever and wherever** I want with my smartphone. Such **easy access makes me feel more interested** in what's going on online. I end up **spending a lot of time online, doing more things** on the Internet than I did in the past.

Useful Vocab

- mostly 주로, 대부분
- in-depth 깊이 있는
- web browser 웹 브라우저
- for fun 재미로
- face~ ~에 직면하다
- overall 전반적으로
- entertainment 오락, 여흥
- search for~ ~을 찾다
- end up -ing 결국 ~하다

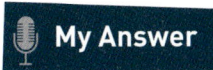 **My Answer** 자신의 이야기를 답안으로 만들어 보세요.

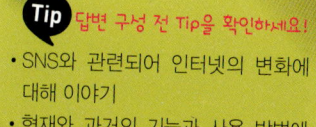
- SNS와 관련되어 인터넷의 변화에 대해 이야기
- 현재와 과거의 기능과 사용 방법에 대해 이야기 하는 것이 좋음

08 Chapter Review SNS

Chapter 8.mp3

음원을 들으며 해석을 보고 이번 Chapter 내용을 복습해 보세요.

Q1 당신은 소셜네트워킹 사이트에 글을 올린다고 했습니다. 보통 인터넷으로 무엇을 하나요? 얼마나 자주 인터넷을 이용하나요? 당신의 인터넷 사용 패턴에 대해 자세히 이야기해주세요.

저는 인터넷 중독입니다. 하루 5회 이상 인터넷을 사용합니다. 엄밀히 말하면, 저는 어디든 스마트폰을 가지고 다니기 때문에 하루 24시간, 일주일 내내 소셜네트워킹 사이트에 접속한 것이나 다름 없습니다. 저는 인터넷으로 하는 모든 것을 좋아합니다. 인터넷에 의견을 올리는 것도, 많은 사람들이 내 의견에 얼마나 '동의' 하는지, 많은 사람들이 나의 경험을 어떻게 부러워하는지 보는 것도 좋아합니다. 제가 올린 사진을 보고 사람들이 부러워하게 만들고 싶고, 사람들이 부러워하면 그 사람들보다 제가 더 나은 것처럼 느껴집니다. 저는 인터넷을 이용해 정보를 찾는 것도 좋아합니다. 예를 들면 어떤 곳에 처음으로 가야 할 때, 저는 가장 먼저 검색창을 열어 검색 엔진을 이용해 길을 찾거나 소셜네트워킹 사이트에 들어가 친구에게 물어봅니다. 소셜네이트워킹을 끊을 수 없는 한 가지 이유는 스마트폰 때문입니다. 스마트폰에는 누군가 댓글을 달면 로그인해서 내용을 확인할 때까지 표시가 사라지지 않는 알림 기능이 있습니다. 저는 인터넷 없이는 살 수 없을 것 같습니다.

Q2 기억에 남는 인터넷 게시물에 대해 이야기해주세요. 당신이 직접 올린 것일 수도 있고, 다른 사람이 올린 것일 수도 있습니다. 게시물에 사진이나 동영상이 첨부되었던가요? 게시물에 대한 자세한 설명과 기억에 남는 이유를 말해주세요.

가장 기억에 남는 게시물은 유튜브에서 봤던 '그 후로 오랫동안, 그 이후에 (After Ever After)'라는 동영상입니다. 어떤 음악가가 혼자서 아카펠라로 노래를 부른 동영상이었습니다. 그는 같은 노래를 네 번 불러서 녹음한 뒤, 그 노래를 하나의 동영상에 넣어 마치 네 명이 노래를 부른 것처럼 만들었습니다. 디즈니 만화에 등장하는 공주들의 노래를 패러디한 노래였습니다. 가사가 유머 넘치고, 한 명이 4중창을 한다는 발상이 새로워 그 동영상은 빠르게 입소문을 탔고, 조회 수가 급증했습니다. 이 게시물을 처음 봤을 때 그의 창의성이 매우 인상적이었습니다. 그는 각각의 공주가 왕자와 결혼한 뒤 어떤 일이 일어났을지 상상해 이야기를 만들었습니다. 예를 들면, 그는 테러범으로 지목돼 미 중앙정보부에 끌려가는 알라딘을 걱정하고 있는 알라딘의 재스민 공주를 가사로 담았습니다. 이 게시물이 기억에 남는 또 다른 이유는 그가 친숙한 디즈니 노래를 불렀기 때문입니다. 저는 디즈니 만화를 보면서 자랐기 때문에 이 노래들을 들으면 어린 시절의 추억들이 생각납니다.

Q3 처음에 인터넷 사용에 대해 어떻게 관심을 갖게 되었는지 알려주세요. 그 이후, 인터넷에 대한 관심이 어떻게 변화하거나 발전했나요?

저의 인터넷 사용은 두 가지 면에서 변했습니다. 첫 번째 변화는 인터넷 사용법입니다. 처음 인터넷에 관심을 갖게 된 것은 대학에 갓 입학했을 때, 대학생이 된 친구들과 단체 채팅을 하기 위해서였습니다. 인터넷 채팅은 정말 재미있었습니다. 그래서 대학 시절에는 주로 재미 또는 오락거리로 인터넷을 사용했습니다. 하지만 나이가 들면서 인터넷은 깊이 있는 정보를 주는 제공자가 되었습니다. 예를 들면, 저는 어려운 육아 문제에 부딪칠 때마다 정보를 얻기 위해 인터넷을 가장 먼저 찾습니다. 또 다른 변화는 인터넷 접속 방법입니다. 대학 시절에는 스마트폰이 없어서, 가까이 있는 탁상용 컴퓨터를 찾아서 웹 브라우저를 사용해야 했습니다. 다시 말하면 인터넷 사용을 마음대로 하지 못해 유행을 따라가지 못했고 온라인 활동에도 무관심할 수밖에 없었습니다. 하지만 지금은 스마트폰을 이용해 원하면 언제 어디서나 인터넷에 접속할 수 있습니다. 쉬운 접근성 때문에 인터넷 상에서 무슨 일이 일어나고 있는지 더 관심을 갖게 됩니다. 결국 지금은 인터넷을 하며 많은 시간을 보내고, 예전보다 인터넷으로 더 많은 일을 하게 되었습니다.

Chapter 09 > Stocks

STEP 1   About the Topic

출제 유형 따라잡기

Stocks
- First Investment
- Facing Problems
- Giving Advice
- Advantage vs. Disadvantage
- How to Trade Stocks

실전 문제 미리 보기

문제 난이도 ★

1. Many people invest in stocks. Do you think this is good or bad? Please explain your answer in as much detail as possible.
2. What do you think is the most important thing when people invest in the stock market or trade stocks?

문제 난이도 ★★

1. Tell me about a memorable experience you had while investing in stocks. What happened? Tell me about the experience in detail.
2. Tell me about how you trade stocks in your country. Tell me about the process in as much detail as possible.

문제 난이도 ★★★

1. You indicated in the survey that you invest in stocks. Tell me about the first time you invested in stocks. Explain how you first got interested in it. Tell me in as much detail as possible.
2. How do most people buy and sell stocks in your country? Do they go to securities companies to trade stocks or do it online? What should they do to buy and sell stocks?

STEP 2   Build your Vocab

주식 기본 용어

- stock / share
- stock market
- stock dividend
- trade stocks
- invest in stocks
- trading company
- stockbroker
- stock account

주식의 거래

- open a stock account
- study the stock market
- figure out what and how many shares you want to buy
- call a stock broker and place an order
- buy stocks

주가의 상승과 하락

- go up/rise/increase/skyrocket/soar
- go down/fall/drop/decline/sink
- bull market
- bear market
- double in value
- triple in value
- earn money
- lose money
- make profits
- make loss

주식거래의 장점 및 단점

- one of the most common ways to earn money
- easy to trade stocks online
- possible to invest small sum of money
- very addictive
- lose all the money at once
- stock investment is a gamble

STEP 3 — Actual Combo Questions

Q1 You indicated in the survey that you invest in stocks. Tell me about the first time you invested in stocks. Explain how you first got interested in it. Tell me in as much detail as possible.

Brainstorming
주식 투자 경험에 대해 이야기 할 때 필요한 아이디어를 정리 해 보세요.

```
                    첫 주식 투자
                       경험
        ┌───────┬───────┴───────┬───────┐
     투자 시기  투자 종목        결과     계획
```

Key Words

1. 처음으로 주식에 투자한 때
① 처음으로 주식에 투자한 때는?
② 왜 주식에 투자하게 되었는지?

2. 처음으로 투자했던 종목
① 투자했던 종목은?
② 왜 그 종목을 투자했는지?
③ 당시 주식 시장의 상황은 어땠는지?

3. 주식 투자의 결과
① 주식 투자의 결과는 어땠는지?
② 성공 또는 실패의 원인은 무엇이었는지?
③ 주식에 투자한 후에 얻은 것과 잃은 것이 있다면?

4. 앞으로의 주식 투자 계획
① 앞으로 주식 투자를 계속할 것인지?
② 첫 주식 투자 경험에 대한 느낌이나 생각은?

Model Answer

Key Words를 이용해 구성한 답변을 확인 해 보세요.

1 The first time I invested in stocks was **at my old company**. The company was doing well because of its successful products. A lot of venture groups invested in the company. This helped the company go IPO. **2** I decided to use my savings to **buy company stocks**. **3** The first weeks of trading went really well and I **doubled my money**. I guess I was just lucky. I was able to buy my dream car. **4** I still have some shares left so whenever I need some extra cash, I just sell some of my shares. I'm thinking of **buying more stocks in the future**.

Useful Vocab

- invest in~ ~에 투자하다
- venture group 벤처투자회사
- double 두 배가 되다
- product 상품
- IPO (Initial Public Offering) 기업공개
- share 주식

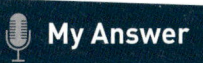 자신의 이야기를 답안으로 만들어 보세요.

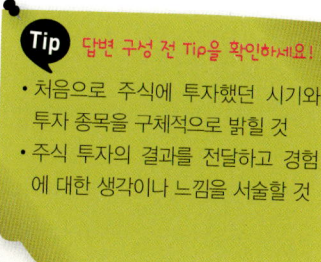

Tip 답변 구성 전 Tip을 확인하세요!
- 처음으로 주식에 투자했던 시기와 투자 종목을 구체적으로 밝힐 것
- 주식 투자의 결과를 전달하고 경험에 대한 생각이나 느낌을 서술할 것

Q2 Tell me about how you trade stocks in your country. Tell me about the process in as much detail as possible.

Brainstorming 주식 거래 방법에 대해 이야기 할 때 필요한 아이디어를 정리 해 보세요.

주식 거래 방법

증권 계좌 개설 → 주식 시장 분석 → 투자 종목과 규모 결정 → 주식 매입

Key Words

1 증권 계좌 개설하기
① 어느 증권사의 계좌를 개설할지 결정하기
② 계좌를 개설할 때 필요한 증빙 서류 파악하기

2 주식 시장 상황 분석하기
① 주식에 대한 기본 지식 쌓기
② 주식 시장 상황 파악하기
③ 여러 주식 종목을 파악하고 미래 가치 분석하기

3 투자 종목과 규모 결정하기
① 투자 종목과 투자처 결정하기
② 주식 투자에 쓸 수 있는 금액 파악하기
③ 매입하고자 하는 주식의 수 결정하기

4 다양한 매체를 통해 주식 매입하기
① 증권중개인에게 전화를 걸거나 스마트폰 앱으로 주식 매입하기
② 증시 상황을 지속적으로 확인하기

Model Answer
Key Words를 이용해 구성한 답변을 확인 해 보세요.

1 In order to trade stocks, you need to **make a stock account**. You can make a stock account at any one of the many trading companies. **2** Once you have an account, you need to **study the market**. It is important to read stock market tables and analyst reports. **3** Once **you know what shares you want to buy**, you can call the stock broker and place an order. You need to clearly state the company, the bidding price, and how many shares you want to buy. **4** There are also many **smart phone applications** that let you trade at the touch of a button. But be careful. Trading stocks can be a very dangerous game.

Useful Vocab

- stock account 증권 계좌
- stock broker 증권 중개인
- bidding price 입찰 가격
- trading company 증권사
- place an order 주문을 하다
- application 앱(응용프로그램)
- table 표
- state 말하다

My Answer
자신의 이야기를 답안으로 만들어 보세요.

Tip 답변 구성 전 Tip을 확인하세요!
- 주식 투자 과정과 절차를 순서에 맞게 서술할 것
- 객관적인 정보를 신뢰할 수 있도록 전달해야 함

Q3 Tell me about a memorable experience you had while investing in stocks. What happened? Tell me about the experience in detail.

Brainstorming 주식 거래 관련 경험에 대해 이야기할 때 필요한 아이디어를 정리 해 보세요.

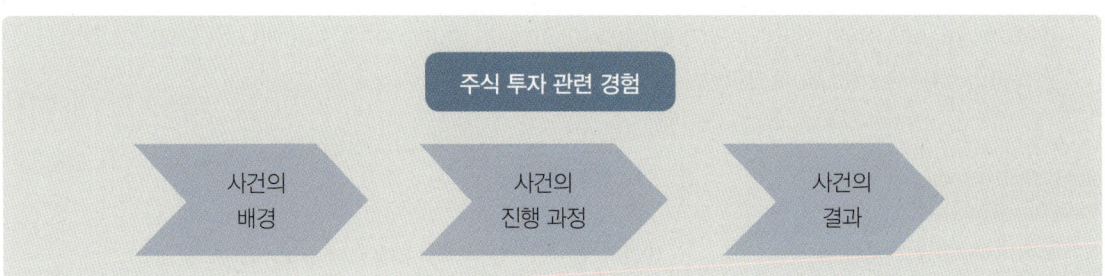

Key Words

1 사건이 일어난 당시의 배경	① 사건이 일어날 당시 상황이 어땠는지?
	② 어떤 계기로 사건이 일어나게 되었는지?
2 사건의 진행 과정	① 사건은 어떤 순서로 진행되었는지?
	② 사건이 발생하는 동안 특별히 기억에 남았던 일은?
3 사건의 결과	① 사건의 결과는 어땠는지?
	② 그 사건이 현재에도 영향을 미치고 있는지?
	③ 사건에 대한 생각이나 느낌이 어떤지?

Model Answer
Key Words를 이용해 구성한 답변을 확인 해 보세요.

I have been trading stocks for some time now. I trade my stocks at Happy Happy Trading Company. **1** When I first started trading stocks, **I didn't know much about the stock market**. Lucky for me, **one of the consultants was able to help**. **2** **She gave me a lot of useful information**. I visited her three times a week. We found out that **we had a lot in common**. One day, I asked her out on a date, and she agreed. **3** **We have been going out ever since**. Thanks to her, my stocks have skyrocketed and so has my love life.

Useful Vocab
- stock market 주식 시장
- have a lot in common 공통점이 많다
- consultant 상담사
- skyrocket 급등하다

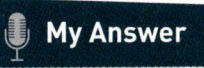
자신의 이야기를 답안으로 만들어 보세요.

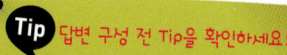
답변 구성 전 Tip을 확인하세요!
- 사건의 발단, 전개, 결말을 시간에 흐름에 따라 전달할 것
- 사건에 대한 느낌이나 생각을 서술하면 유리

09 Chapter Review Stocks

Chapter 9.mp3

음원을 들으며 해석을 보고 이번 Chapter 내용을 복습해 보세요.

Q1 당신은 설문에서 주식 투자를 한다고 했습니다. 처음으로 주식 투자를 했던 때에 대해 이야기해주세요. 처음에 주식 투자에 대해 어떻게 관심을 갖게 되었는지 설명해주세요. 가능한 한 자세히 이야기해주세요.

제가 처음으로 주식 투자를 한 곳은 예전에 다니던 회사였습니다. 성공적인 제품들 덕분에 회사 경영 상태가 좋았습니다. 많은 벤처 그룹들도 이 회사에 투자를 했습니다. 덕분에 회사는 주식을 상장할 수 있었습니다. 저는 저축해 둔 돈으로 회사의 주식을 사기로 결정했습니다. 첫 주에는 주식거래가 활발하게 이루어져 돈을 두 배로 불렸습니다. 그저 운이 좋았던 것 같습니다. 저는 꿈에 그리던 차를 살 수 있었습니다. 아직도 주식이 일부 남아 있어서 현금이 필요할 때면 주식을 조금 팝니다. 앞으로 주식을 추가로 매입하려고 생각하고 있습니다.

Q2 당신의 나라에서 주식을 거래하는 방법에 대해 이야기해주세요. 거래 절차에 대해 가능한 한 자세히 이야기해주세요.

주식 거래를 하려면 증권 계좌를 개설해야 합니다. 여러 증권 회사 중 아무 곳에서나 계좌를 만들 수 있습니다. 계좌가 생겼으면 주식시장에 대해 공부해야 합니다. 주식 시황표와 분석 자료를 읽는 것은 중요합니다. 어떤 주식을 사고 싶은지 알게 되면 중개인에게 전화를 걸어 주문을 합니다. 회사 이름, 입찰 가격, 매입량을 얼마로 할 것인지 정확히 말해야 합니다. 버튼 하나만 누르면 거래를 할 수 있는 스마트폰 앱도 많이 있습니다. 하지만 조심하십시오. 주식 거래는 아주 위험한 게임이 될 수 있습니다.

Q3 주식 투자를 하며 겪은 기억에 남는 경험에 대해 이야기해주세요. 무슨 일이 있었나요? 경험에 대해 자세히 이야기해주세요.

저는 지금까지 상당 기간 주식 투자를 해왔습니다. 저는 해피해피증권을 통해 주식을 거래합니다. 처음 주식 거래를 할 때는 주식 시장에 대해 잘 몰랐습니다. 운 좋게 상담사들 중 한 명에게 도움을 받을 수 있었습니다. 그 여자분은 저에게 유익한 정보를 많이 주었습니다. 일 주일에 세 번 그녀를 찾아갔죠. 우리는 서로 공통점이 많다는 것을 알게 되었습니다. 하루는 그녀에게 데이트 신청을 했고 그녀도 허락을 했습니다. 우리는 그 이후로 지금까지 사귀고 있습니다. 그녀 덕분에 제가 산 주식 값이 크게 올랐고 제 연애 생활도 활짝 폈습니다.

Chapter

10 Jogging

STEP 1 About the Topic

출제 유형 따라잡기

실전 문제 미리 보기

문제 난이도 ★

1. You indicated in the survey that you enjoy jogging. Why do you like jogging? How often do you jog? Explain your answer in detail.

2. You indicated that you go jogging. Where do you typically go to jog? When do you normally go? How long do you jog for? Give me all the details.

문제 난이도 ★★

1. Tell me about an incident related to jogging. It could have been a funny or an exciting moment. Why was the incident so memorable? First, give me the background of what happened and then describe it in detail.

2. What are the benefits of jogging? Try to discuss as many different kinds of benefits as you can.

문제 난이도 ★★★

1. How did you first get interested in jogging? How has your interest changed over the years? How has the change affected your life? Give me all the details.

2. I also like jogging. Ask me three or four questions about what I do before and after jogging.

STEP 2 Build your Vocab

조깅을 하는 시간

- go jogging in the morning before I go to school/work, because I can start my day fresh
- I'm not an early bird, so I go jogging in the evening after dinner.
- I don't have time to go jogging after school/work, so I prefer to go jogging in the afternoon.
- I would like to go jogging more often, but I only have time on weekends.

조깅 장소

- in the park in my neighborhood
- on the school playground

조깅을 하는 이유

- relieve stress
- lose weight
- promote blood circulation
- burn calories
- help strengthen my legs/heart
- burn fat
- keep myself in shape
- be fit

조깅의 장점

- It doesn't cost a lot of money.
- It doesn't require a lot of equipment.
- It's possible to do it anywhere, anytime.
- No special skills are required.

기억에 남는 경험

- forget to do a warm-up before jogging
- sprain my ankle
- bump into my neighbor/friend
- trip over a stone
- end up ~

STEP 3   **Actual Combo Questions**

Q1 You indicated that you go jogging. Where do you typically go to jog? When do you normally go? How long do you jog for? Give me all the details.

Brainstorming   조깅 습관에 대해 이야기 할 때 필요한 아이디어를 정리 해 보세요.

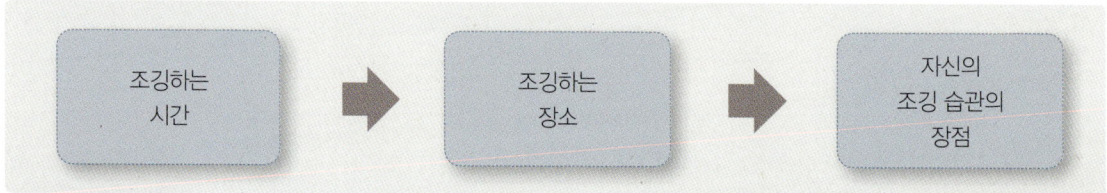

조깅하는 시간 ➔ 조깅하는 장소 ➔ 자신의 조깅 습관의 장점

Key Words

1 조깅하는 때	① 조깅을 언제, 어디서 하는지?	
	② 왜 조깅을 그 시간에 하는지?	
2 조깅 장소	① 조깅하는 곳은 어디인지?	
	② 왜 그곳에서 조깅을 하는지?	
	③ 그곳의 특징은 무엇인지?	
3 조깅 시간	① 조깅을 얼마나 오랫동안 하는지?	
	② 조깅 시간을 정할 때 고려하는 점은?	
4 혼자 하는 조깅의 장점	① 혼자 조깅을 하는 것을 좋아하는지?	
	② 혼자 조깅 할 때의 장점이 무엇인지?	

Model Answer
Key Words를 이용해 구성한 답변을 확인 해 보세요.

1 I like to jog alone around my neighborhood in the **evenings after work**. I **prefer jogging in the evening** simply because I am not a morning person at all. I've tried jogging in the morning before work, but I felt more tired during the day. **2** I used to **jog on a running track at a park** in my neighborhood. But after 3 months, it started to get boring. I was getting tired of the same scenes and needed a change. So, **now I go jogging around my neighborhood**. **3** I worked out **3 different routes** I can take and choose one depending on how I feel that day. I **don't care much about how long I jog for**. If I am full of energy, then I can run for over an hour. But if I am feeling tired, I keep it around 30 minutes. **4** I like **jogging on my own** because I **can concentrate on my thoughts** while I run. It **helps me clear my head and think straight**.

Useful Vocab

- alone 혼자서
- not ~ at all 전혀 ~ 아니다
- get tired of~ ~이 싫증나다
- depending on~ ~에 따라
- think straight 논리적으로 생각하다
- morning person 아침형 인간
- running track 러닝 트랙
- route 길
- clear one's head 정신을 맑게 하다

My Answer
자신의 이야기를 답안으로 만들어 보세요.

Tip 답변 구성 전 Tip을 확인하세요!
- 본인의 조깅 습관에 대해 이야기하기
- 조깅하는 시간, 장소, 횟수에 대해 구체적으로 예시
- 조깅을 하면 좋은 점이나 이유까지 설명하면 더 좋음

Q2 How did you first get interested in jogging? How has your interest changed over the years? How has the change affected your life? Give me all the details.

Brainstorming 조깅을 처음 시작한 경험과 이후의 변화에 대해 이야기할 때 필요한 아이디어를 정리 해 보세요.

Key Words

1 처음으로 조깅에 관심을 가진 때	① 처음 조깅에 관심을 가진 때가 언제인가? ② 그때의 본인의 상황은 어땠는가?
2 조깅을 하며 느낀점	① 조깅을 하며 처음에 무슨 생각이 들었는가? ② 조깅을 할수록 무슨 생각이 들었는가?
3 그 이후 생긴 변화	① 조깅을 하고 나서 생긴 변화는 무엇인가? ② 일주일에 몇 번이나 조깅을 하는가?
4 조깅으로 인한 생활의 변화	① 조깅 후 신체적 변화가 있는가? ② 조깅 후 정신적 달라진 것은 무엇인가?

Model Answer
Key Words를 이용해 구성한 답변을 확인 해 보세요.

1 My interest in jogging **started 3 years ago**. One day, I had a horrible day at work and all I wanted to do was crawl into my bed and sleep. When I got home, I felt so restless. I was **extremely tired but couldn't stop thinking about work**. I had to do something. So I decided to go for a walk. I just **put on a pair of trainers**, stepped outside and started walking. **2** At first, I didn't care about where I was going. After a while, I decided to pick up speed and run. While running, I was **able to forget all about work and only concentrate on where to take the next turn**. **3** When I got home, I **felt so much lighter** in every way and I slept like a baby. Since that day, I started **jogging at least 2 times a week**. **4** Now I **feel much healthier** not only physically but also mentally. I am **in my best shape** ever and also **learned a better way to handle stress**.

Useful Vocab

- interest 관심, 흥미
- crawl into~ ~에 기어들어가다
- after a while 잠시 후에
- mentally 정신적으로
- horrible 끔찍한, 지긋지긋한
- restless 불안한, 진정되지 않는
- sleep like a baby 단잠을 자다
- in good shape 몸 상태가 좋은
- at work 일터에서
- care about~ ~을 신경 쓰다
- physically 육체적으로
- handle~ ~을 다루다

My Answer
자신의 이야기를 답안으로 만들어 보세요.

Tip 답변 구성 전 Tip을 확인하세요!
- 조깅을 처음 시작하게 된 계기에 대해 이야기
- 조깅에 대한 관심의 변화나 생활의 변화가 드러나도록 답변 구성
- 자신의 삶이 변화하게 된 이유를 포함하는 것이 좋음

Q3 Tell me about an incident related to jogging. It could have been a funny or an exciting moment. Why was the incident so memorable? First, give me the background of what happened and then describe it in detail.

Brainstorming 조깅과 관련된 사고에 대해 이야기할 때 필요한 아이디어를 정리 해 보세요.

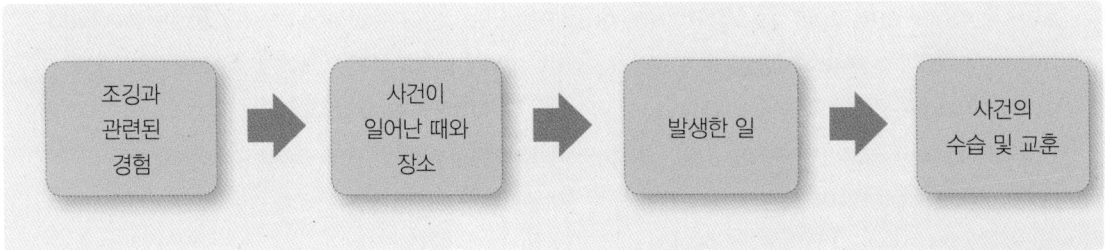

Key Words

1 나의 조깅 패턴	① 조깅을 하는 시간은? ② 조깅을 할 때 가장 중요시 생각하는 것은?
2 사건의 배경	① 기억에 남는 사건이 일어난 때는? ② 그 당시 주변 상황은? ③ 본인이 한 행동은?
3 일어난 사건	① 어떤 일이 일어났는가? ② 주변 사람이나 상황은 어떠했는가?
4 사건이 일어난 후	① 사건 이후의 느낌은? ② 그 이후로 달라진 점이 있는가?

Model Answer   Key Words를 이용해 구성한 답변을 확인 해 보세요.

1 I go out for a **jog alone in the late evening** so my **main concern is safety**. I don't listen to music and I always use a route that is busy even late at night. **2** Couple of months ago, I went out for a **jog at around 9 p.m.** It was quite a chilly evening so there weren't **as many joggers as usual**. About half way, I started to **feel like I was being followed**. I looked around and there was a very tall man running about 10 meters behind me. He didn't look suspicious, but I couldn't shake off that feeling so I **started running a little faster**. **3** As I was so paranoid, I didn't pay much attention to where I was going and within seconds, I **tripped over something and fell**. As I was sitting there on the ground, the man ran by me and didn't even stop to ask if I needed help. He had no interest and it was just all in my head! **4** I know it's **better to be safe than sorry** but now I try **not to be too paranoid about everything**.

Useful Vocab

- incident 사건
- safety 안전
- shake off (생각, 느낌을) 떨치다
- background 배경
- chilly 쌀쌀한, 추운
- paranoid 편집증적인
- main concern 주요 관심사
- suspicious 수상쩍은
- trip over~ ~에 발이 걸려 넘어지다

My Answer   자신의 이야기를 답안으로 만들어 보세요.

 Tip 답변 구성 전 Tip을 확인하세요!
- 조깅을 하면서 겪었던 경험에 대한 이야기
- 과거의 경험을 이야기 해야 하는 경우 시제는 과거 시제
- 경험의 처음부터 끝까지를 이야기 하듯이 설명

10

Chapter Review Jogging

Chapter 10.mp3

음원을 들으며 해석을 보고 이번 Chapter 내용을 복습해 보세요.

Q1 당신은 조깅을 한다고 했습니다. 조깅을 하러 주로 어디로 가나요? 보통 언제 가요? 얼마나 오래 조깅을 하나요? 자세히 이야기해주세요.

저는 퇴근 후 저녁, 동네에서 혼자 조깅하는 것을 좋아합니다. 저는 아침형 인간이 전혀 아니기 때문에 저녁에 조깅하는 것을 좋아합니다. 출근 전에 조깅을 하려고 시도해봤지만 낮에 더 피곤하기만 했습니다. 예전에는 동네 공원의 러닝 트랙에서 조깅을 했습니다. 하지만 세 달 뒤, 지겨워지기 시작했습니다. 똑 같은 풍경을 보는 것이 지겨워져서 뭔가 변화가 필요했습니다. 그래서 지금은 동네 주변을 조깅을 합니다. 제가 다닐 수 있는 세 갈래 길을 찾아냈고, 그날 기분에 따라 길을 길을 정합니다. 저는 조깅 시간은 크게 신경 쓰지 않습니다. 기운이 넘치면 1시간 이상 달릴 수 있습니다. 하지만 피곤하면 30분 정도만 달립니다. 달리는 동안 생각에 집중할 수 있기 때문에, 저는 혼자서 조깅하는 것을 좋아합니다. 이렇게 하면 머리가 맑아지고 논리적으로 생각할 수 있습니다.

Q2 당신은 처음에 조깅에 어떻게 관심을 갖게 되었나요? 지난 몇 년 동안 조깅에 대한 관심은 어떻게 변화했나요? 그 변화는 당신의 생활에 어떤 영향을 주었나요? 자세히 이야기해주세요.

저는 3년 전에 처음 조깅에 관심을 갖게 되었습니다. 어느 날, 회사에서 끔찍한 하루를 보냈고 그저 침대로 기어들어가 자고 싶은 생각밖에 안 들었습니다. 집에 도착하니 마음이 너무 불안했습니다. 너무나 피곤했지만 회사 일이 계속 생각 났습니다. 저는 무언가를 해야 했습니다. 그래서 한 번 걸어보기로 했습니다. 운동화만 신고는 밖으로 나와 걷기 시작했습니다. 처음에는 무작정 걸었습니다. 잠시 후, 속도를 올려 뛰기 시작했습니다. 달리는 동안 회사 일은 모두 잊어버리고, 그 다음에 어느 방향으로 가야 할 지에만 집중했습니다. 집에 도착하니 모든 면에서 거뜬함이 느껴졌고, 잠도 푹 잤습니다. 그날 이후로 최소 일주일에 두 번 조깅을 하기 시작했습니다. 지금은 육체적으로뿐 만 아니라 정신적으로도 훨씬 건강해진 것 같습니다. 저는 지금 최고의 몸매를 유지하고 있고, 더 좋은 스트레스 관리법도 배웠습니다.

Q3 조깅과 관련된 사건에 대해 이야기해주세요. 재미있거나 즐거운 순간이었을 수도 있습니다. 그 사건이 왜 그렇게 기억에 남나요? 먼저 사건이 일어난 배경에 대해 알려주시고, 그 다음 사건에 대해 자세히 이야기해주세요.

저는 저녁 늦게 혼자 조깅을 하러 가기 때문에 주로 안전이 걱정됩니다. 음악도 듣지 않고, 항상 밤에도 사람이 많은 곳으로 갑니다. 몇 달 전, 저녁 9시경에 조깅을 나갔습니다. 꽤 쌀쌀한 저녁이었고, 평소처럼 조깅하는 사람들이 많지 않았습니다. 반쯤 갔을 때, 누군가가 따라 오는 듯한 느낌을 받기 시작했습니다. 주위를 둘러보니 10미터쯤 뒤에서 뛰고 있는 키 큰 남자가 있었습니다. 그는 수상쩍어 보이진 않았지만, 쫓기는 듯한 느낌을 떨쳐버릴 수 없어서 조금 더 빨리 뛰기 시작했습니다. 강박관념에 사로잡혀 무작정 달리다가, 몇 초 뒤에 무언가에 걸려 넘어졌습니다. 그 자리에 주저 앉아 있었는데, 그 남자는 내 옆을 달려 지나갔고 멈춰 서서 괜찮은지 묻지도 않았습니다. 그는 저에게 전혀 관심이 없었고, 모두 제 머릿속에서 일어난 일이었습니다. 나중에 후회하는 것보다 조심하는 편이 낫다는 걸 알지만, 지금은 모든 일에 너무 집착하지 않으려고 노력합니다.

Chapter 11 > Vacation

STEP 1 — About the Topic

출제 유형 따라잡기

실전 문제 미리 보기

문제 난이도 ★

1. You indicated that you take vacations domestically. Please tell me some of the places you like to travel. Why do you like to go there?
2. What do you usually do while staying at home during vacations? Please describe the activities you like to do in detail.

문제 난이도 ★★

1. What do you pack for your vacation and why do you need those things?
2. Tell me about what you did during your last vacation. Give me the details from the first to the last thing you did. Was the vacation enjoyable?

문제 난이도 ★★★

1. Let's talk about package tours and self-guided tours. How are they different? Which do you prefer and why? Describe in detail.
2. The way people take vacations changes over time. How are vacations people used to take in the past different from the ones they take today?

STEP 2   Build your Vocab

휴가를 보내는 장소

- at home
- at a resort
- in the mountain
- near the sea
- near the lake
- at a camping site

대표적인 명절 및 휴일

- New Year's Day
- families and relatives get together
- have ancestral rites
- visit one's ancestral graves
- pay one's respects at a family grave
- to make dumplings
- wear Hanbok
- give words of blessing
- see the first sun of the year
- talk with family members and relatives
- give an update on
- perform a New Year's bow
- bow down to the elderly
- wish each other a happy New Year
- children get cash gifts after bowing

휴가 동안 하는 일

[at home]
- read books
- listen to music
- watch a downloaded movie
- invite friends and have a party
- do house chores

[at a resort]
- visit a tourist spot
- get a tan
- enjoy delicious foods
- take a stroll
- take a nap
- go fishing
- go for a swim
- watch the sunrise

휴가를 보내고 난 후의 느낌

- happy
- pleasant
- refreshed
- energetic
- positive
- cheerful
- relaxed
- peaceful

STEP 3　Actual Combo Questions

Q1 What do you usually do while staying at home during vacations? Please describe the activities you like to do in detail.

Brainstorming　집에서 보내는 휴가에 대해 이야기할 때 필요한 아이디어를 정리 해 보세요.

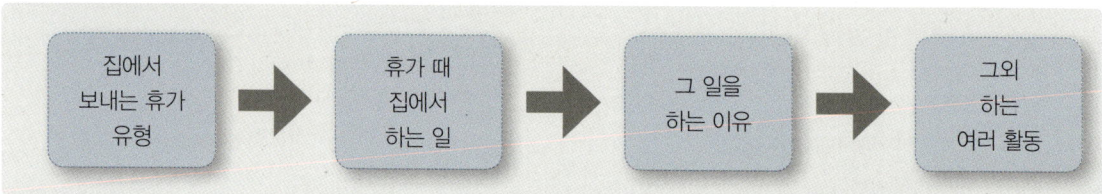

Key Words

1　나의 성향
① 집에서 보내는 휴가 때 본인의 특성은?
② 보통 어떤 일을 하면서 시간을 보내나?

2　좋아하는 일
① 그외 좋아하는 일은 무엇인가?
② 왜 그 일을 휴가 때 하는가?
③ 그 일을 하고 나면 좋은 점은?

3　평소에 할 수 없는 일
① 평소에 하지 않는 일 중 휴가 때 하는 일은?
② 혼자 하는 일인가?
③ 왜 그 일을 집에서 하는가?

Model Answer
Key Words를 이용해 구성한 답변을 확인 해 보세요.

1 I like to be productive when I **stay at home during vacations**, so one of the first things I do is **move the furniture around**. I heard from someone that if you want to keep the furniture in good condition, you need to move it around. I use this opportunity to **clean all the places** I can't usually get to with the furniture in the way. **2** Another thing I like to do is reading. I love **reading books**, but I don't get much time to read because of my work. So once the cleaning is done, I like to catch up on my reading. **3** When I work, I like to rest on the weekends, which makes it hard to do other things such as **meeting friends** or **going shopping**. That's why I like to invite my friends over or do online shopping when I stay at home. I enjoy cooking something delicious with my friends and chat while eating them at home. It's a big stress reliever.

Useful Vocab

- productive 생산적인
- get to~ ~에 닿다
- catch up 따라잡다. 만회하다
- stress reliever 스트레스 해소법
- keep in good condition 좋은 상태를 유지하다
- in the way 방해가 되어서
- rest 쉬다

My Answer
자신의 이야기를 답안으로 만들어 보세요.

Tip 답변 구성 전 Tip을 확인하세요!
- 집에서 보내는 휴가에 대해 이야기하기
- 여유 시간을 보내며 하는 활동
- 집에서 휴가를 보낸다고 했으니 집 안에서의 활동을 묘사

Q2 Tell me about what you did during your last vacation. Did anyone visit your home? Give me the details from the first to the last thing you did. Was the vacation enjoyable?

Brainstorming 가장 최근의 휴가에 대한 이야기에 필요한 아이디어를 정리해 보세요.

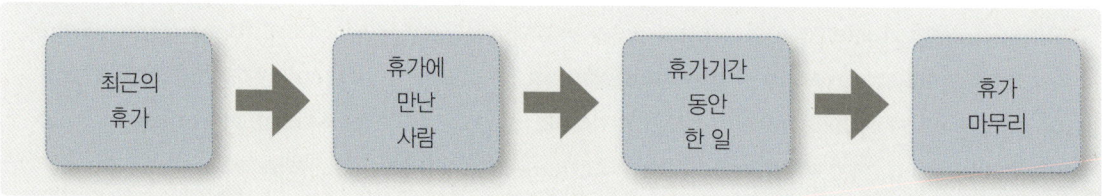

Key Words

1 최근에 집에서 휴가를 보낸 때	① 최근 집에서 보낸 휴가가 언제인가? ② 특별한 이유가 있었는가?
2 휴가의 길이	① 휴가가 얼마나 길었나? ② 휴가기간을 어떻게 정했나?
3 휴가 때 한 일	① 휴가 기간에 무슨 일을 했는가? ② 가족들과 특별 활동을 했는가? ③ 가족 이외의 누군가를 만났는가?
4 휴가 마무리	① 휴가 마무리는 어떻게 하였는가? ② 휴가를 마친 기분은 어땠는가?

Model Answer
Key Words를 이용해 구성한 답변을 확인 해 보세요.

1 The last vacation I spent at home was **Lunar New Year**. **2** In Korea, we **get 3 days** off for the Lunar New Year holiday and this year we had Monday to Wednesday off. So it was the **five-day weekend**! **3** I **didn't do much on the first day** as I had some drinks with friends the night before. Then on Sunday, I **met a friend for a movie and dinner**. On Monday, I stayed at home and **helped my parents with a complete clean-up of the house** because the following day was New Year's Day and my relatives were coming over. My grandparents, uncles, aunts and cousins arrived the next afternoon. There were 16 of us in the house, and together we **had some rice cake soup**, which is what Koreans eat on New Year's Day. After that, we **played some board games** and watched movies. We had dinner at home and some of our relatives decided to spend the night at our house. **4** Most of us stayed up until very late catching up and when they all left the next day, I **got some rest** to be **ready to go back to work** the next day.

Useful Vocab

- **Lunar New Year** 음력설
- **relative** 친척
- **rest** 휴식
- **have a day off** 휴가 하루를 얻다
- **rice cake soup** 떡국
- **clean-up** 청소, 정화
- **catch up** 따라잡다, 만회하다

My Answer
자신의 이야기를 답안으로 만들어 보세요.

Tip 답변 구성 전 Tip을 확인하세요!
- 최근 휴가 때 했던 일 이야기하기
- 휴가가 생긴 이유와 기간을 포함
- 구체적으로 했던 일에 대한 이야기
- 과거 일을 이야기 할 때는 과거 시제를 정확히 사용

Q3 The way people take vacations changes over time. How are vacations people used to take in the past different from the ones they take today?

Brainstorming 과거와 현재 사람들이 휴가를 즐기는 방식의 차이점에 대해 이야기할 때 필요한 아이디어를 정리 해 보세요.

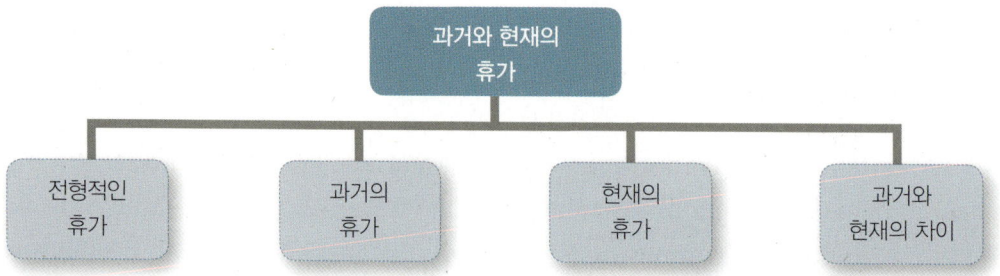

Key Words

| 1 전형적인 휴가 | ① 사람들이 보통 휴가 동안 하는 일은? |
| | ② 사람들이 휴가를 보내는 전형적인 장소는? |

2 과거에 사람들이 휴가를 보내던 방법	① 사람들이 즐겨 찾는 휴가지는 어디였는가?
	② 과거에 사람들은 무엇을 하며 휴가를 보냈는가?
	③ 휴가에 쓴 기간과 비용은 얼마나 되었나?

3 현재 사람들이 휴가를 보내는 방법	① 현재 사람들은 무엇을 하며 휴가를 보내는가?
	② 인기 있는 휴가지는 어디인가?
	③ 휴가에 대한 인식은 어떠한가?

| 4 과거와 현재의 차이 | ① 선호하는 휴가 방식과 휴가지는 어떻게 달라졌는가? |
| | ② 휴가 비용과 휴가에 대한 인식은 어떻게 달라졌는가? |

Model Answer
Key Words를 이용해 구성한 답변을 확인 해 보세요.

1 There are so **many differences between vacations people used to take in the past with the ones they take today**. Take my family's vacations for example. **2** When I was a child, my father worked very hard but didn't make much money, so we **used to go on short domestic trips on weekends**. We **stayed at small, cheap Bed and Breakfasts** and **went hiking or swimming in the ocean**. **3** Nowadays, my family is doing much better financially so we **can afford to go on long overseas trips**. For instance, last summer, my family went to France for summer vacation. We rented an RV and travelled the southern countryside for 2 weeks. It was the most relaxing vacation we've ever taken, but of course it was **very expensive**. **4** I think this is the major difference. In the past, not many people could afford to take overseas trips. But **now, families go abroad for a vacation** at least once a year!

Useful Vocab
- take a vacation 휴가를 가다
- financially 경제적으로
- southern 남쪽의
- relaxing 느긋한, 편한
- domestic trip 국내 여행
- afford~ ~할 여유가 있다
- countryside 시골
- cheap 값싼, 저렴한
- overseas trip 해외 여행

My Answer
자신의 이야기를 답안으로 만들어 보세요.

Tip 답변 구성 전 Tip을 확인하세요!
- 휴가 방법의 변화에 대해 이야기
- 과거의 휴가 방법과 현재 휴가 보내는 방법의 비교와 대조
- 자신의 구체적인 일화를 넣으면 더 좋음

11

Chapter Review — Vacation

Chapter 11.mp3

음원을 들으며 해석을 보고 이번 Chapter 내용을 복습해 보세요.

Q1 집에서 휴가를 보내는 동안에 보통 무엇을 하나요? 좋아하는 활동들에 대해 자세히 설명해주세요.

저는 생산적인 일을 좋아해서 집에서 휴가를 보내는 경우, 먼저 하는 일 중 하나는 가구를 옮기는 것입니다. 가구를 좋은 상태로 유지하려면 옮겨 놓아야 한다는 말을 들었기 때문입니다. 저는 이 기회를 이용해 가구 때문에 막혀서 손이 닿지 않는 구석구석을 청소합니다. 제가 좋아하는 또 다른 일은 독서입니다. 평소에 책 읽는 걸 좋아하지만 일 때문에 책 읽을 시간이 별로 없습니다. 그래서 청소를 끝내고, 그 동안 못 읽은 책을 읽는 것을 좋아합니다. 일을 할 때는 주말에 그냥 쉬고 싶기 때문에, 친구를 만나거나 쇼핑 같은 걸 하기 어렵습니다. 그래서 저는 집에서 쉬면서 친구들을 초대하거나 온라인 쇼핑하는 것을 좋아합니다. 친구들과 맛있는 음식을 요리해서 먹으며 수다 떠는 것을 즐깁니다. 그것은 아주 좋은 스트레스 해소법입니다.

Q2 지난 휴가 때 무엇을 했는지 이야기해주세요. 당신의 집에 찾아온 사람은 누구였나요? 무엇을 했는지 처음부터 끝까지 자세히 말해주세요. 휴가는 즐거웠나요?

최근 집에서 보냈던 휴가는 설날이었습니다. 한국에서는 설 휴가가 3일인데, 올해는 월요일부터 수요일까지였습니다. 그래서 5일 동안 쉴 수 있었습니다! 전날 친구들과 술을 마셔서 연휴 첫 날에는 별다른 일을 하지 않았습니다. 일요일에는 친구를 만나 영화를 보고 저녁을 먹었습니다. 월요일에는 그 다음날이 설날이라 친척들이 오기 때문에 집에 있으면서 부모님을 도와 집을 대청소 했습니다. 다음 날 오후에 할아버지, 할머니, 삼촌, 이모, 조카들이 왔습니다. 16명의 사람들이 우리집에 모였고, 우리는 함께 설 음식인 떡국을 먹었습니다. 그 후에는 보드 게임을 하고 영화를 봤습니다. 집에서 저녁도 먹었고, 친척 몇 명은 우리 집에서 자고 가기로 했습니다. 사람들 대부분 밤늦게까지 자지 않고 그 동안 못했던 이야기를 나누었습니다. 그 다음날 모두가 떠나고, 저는 휴식을 취하며 다음날 출근 준비를 했습니다.

Q3 시간이 지나면서 사람들이 휴가를 보내는 방식도 변했습니다. 과거에 사람들이 보냈던 휴가와 현재의 휴가는 어떤 차이점이 있나요?

과거에 사람들이 보낸 휴가와 현재의 휴가는 여러 가지 면에서 다릅니다. 우리 가족의 휴가를 예로 들어보겠습니다. 제가 어릴 적, 아버지께서는 열심히 일하셨지만 돈은 많이 벌지 못해서 우리 가족은 주말에 짧게 국내로 여행을 떠났습니다. 우리는 작고 저렴한 베드 & 브렉퍼스트에 숙소를 잡고 하이킹을 하거나 바다에서 수영을 했습니다. 요즘 저의 가족은 경제적으로 훨씬 여유가 생겨서 해외 여행을 길게 갈 수 있습니다. 예를 들면, 우리 가족은 지난 여름에 프랑스로 휴가를 갔습니다. 우리는 레저용 자동차를 2주 동안 빌려서 프랑스 남부의 시골을 여행했습니다. 우리 가족이 갔던 여행 중 가장 편안한 여행이었지만, 물론 돈도 어마어마하게 많이 들었습니다. 바로 이 것이 가장 큰 차이점이 아닐까 생각합니다. 과거에는 해외여행을 갈 수 있는 사람이 많지 않았습니다. 하지만 지금, 사람들은 가족과 일년에 한 번은 해외로 휴가를 갑니다.

Chapter 12 > Travel

STEP 1   About the Topic

출제 유형 따라잡기

실전 문제 미리 보기

문제 난이도 ★

1. You indicated in the survey that you like to travel. What is your favorite place to visit? Why do you like that place? Tell me in detail.
2. Can you tell me what you'd like to do when you visit another country?

문제 난이도 ★★

1. What is the most memorable country or city you've ever traveled to? What was it like? What did you like about it? What did you not like about it?
2. What place in Korea would you recommend to foreign travelers? Why would you like to recommend this place?

문제 난이도 ★★★

1. Which do you prefer, traveling alone or traveling with other people? Please explain your reason in detail.
2. How are domestic trips different from trips that you take overseas? What are some good and bad things about domestic trips? How can you overcome some bad aspects of domestic trips?

STEP 2 Build your Vocab

여행가서 하는 일에 대해 말하기

- visit a historic site
- attend a cultural/local festival
- go to a museum/an art gallery/an exhibition
- buy souvenirs/handcrafts
- go to a spa and get the full treatment
- visit a night market
- go snorkeling/swimming
- go hiking/camping
- go on a tour of the city
- try exotic foods
- enjoy a local culinary specialty

여행지에 대한 느낌 말하기

- be mesmerized
- be captivated by
- beyond description
- unbelievable
- breathtaking
- astounding
- magnificent
- awesome

여행지에서 만난 사람 묘사하기

- naive
- rude
- have bad manners
- indifferent
- unable to communicate with
- be willing to help

여행지에서의 에피소드

- experience culture shock
- be exhausted
- get pick-pocketed
- be ripped off
- get lost
- something wrong with the hotel reservation

여행의 장점

- relieve stress
- take a rest and recharge myself
- broaden my mind
- have hands-on experience
- meet new people and develop
- new friendships
- learn about a new culture
- have a chance to step back and look at myself
- feel energized/refreshed

STEP 3 Actual Combo Questions

Q1 You indicated in the survey that you like to travel. What is your favorite place to visit? Why do you like that place? Tell me in detail.

Brainstorming 좋아하는 여행지에 대해 이야기 할 때 필요한 아이디어를 정리 해 보세요.

가장 좋아하는 여행지
→ 나의 여행 스타일
→ 좋아하는 여행지와 그곳의 특징
→ 여행지에서 한 일과 그곳에 대한 느낌

Key Words

1 나의 성향과 좋아하는 여행지	① 자신이 좋아하는 여행 스타일은?	
	② 구체적으로 좋아하는 유형의 여행지는?	
2 가장 좋아하는 여행지와 그곳의 특징	① 가장 좋아하는 여행지는?	
	② 그 곳의 특징은?	
	③ 그 곳에서 할 수 있는 일은?	
3 그곳에서 한 일	① 그 곳에서 머무른 기간은?	
	② 그 곳에서 숙박했던 곳은?	
	③ 그 곳에서 체험한 활동은?	
4 그곳에 대한 느낌	① 그곳의 좋은 점은?	
	② 그곳에 대한 느낌은?	

Model Answer   Key Words를 이용해 구성한 답변을 확인 해 보세요.

1 I've always enjoyed **water activities since I was a child**, so when I plan a vacation, my first and **biggest priority is making sure I have access to water**. Some of my favorite places to visit are **beaches, rivers, lakes and spas**. **2** Although I've found some great spots, my favorite place is a town called **Haenam**. This is a city on the southern tip of South Korea and it's very **well known for its beautiful beaches and delicious food**. **3** Last time I went there, I took a tent and camped near the beach for a whole week. All I did was wake up to the sound of the waves, have a light breakfast, **read a book** on the beach, get lunch, go for a swim, take a nap on the beach, have dinner and drinks, sit on the beach, and **enjoy the stars** before going to bed. **4** The water was so clear that I was **able to see everything in the water** even without my glasses! It was the best vacation I've ever had. Since then, this little city has become my favorite place to visit.

Useful Vocab

- interest 관심, 흥미
- tip 끝
- wave 파도
- accessibility 접근성
- be well known for~ ~로 잘 알려지다
- take a nap 낮잠을 자다
- southern 남쪽의
- camping site 캠핑지
- legally 법적으로

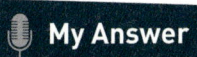 **My Answer**   자신의 이야기를 답안으로 만들어 보세요.

 Tip 답변 구성 전 Tip을 확인하세요!
- 좋아하는 여행지에 대해 설명
- 여행지의 기본 설명
- 좋아하는 이유와 특징
- 자신이 가면 보통 하는 일에 대해 설명

Q2 What is the most memorable country or city you've ever traveled to? What was it like? What did you like about it? What did you not like about it?

Brainstorming
기억에 남는 여행지에 대해 이야기 할 때 필요한 아이디어를 정리 해 보세요.

```
                    기억에 남는
                      여행지

   여행지를 선택한         여행지의 환경과         여행지에 대한
        이유              그곳에서 한 일          기억과 느낌
```

Key Words

1 기억에 남는 여행지	① 가장 기억에 남는 여행지는?

2 여행지를 선택한 이유	① 여행을 한 때와 함께한 사람은?
	② 그 여행지를 선택한 이유는?
	③ 어떤 방법으로 그곳에 갔는지?

3 여행지의 주변 환경과 그곳에서 한 일	① 여행지의 주변 환경은 어떠했는지?
	② 여행지에서 무엇을 했는지?
	③ 여행지에서 만난 사람들은 누구이며 어떠했는지?

4 여행지에 대한 기억과 느낌	① 여행지에 대한 좋은 기억과 나쁜 기억은?
	② 여행지에 대한 전체적인 느낌은?

Model Answer   Key Words를 이용해 구성한 답변을 확인 해 보세요.

1 I have travelled to over 20 different countries, and it's very hard to choose just one city or country that stands out. But if I must, I'd have to pick **Thailand**. **2** I went to Thailand a couple years ago with some friends. We landed in Bangkok but **a city vacation was not what we were looking for**, so the next day we took a bus and then a ferry to an island called Koh Tao. We had planned to check out 3 different islands, but **as soon as we got to Koh Tao, we fell instantly in love with it**. **3** We rented a small cabin right on a private beach. The sand was so fine that it felt like we were walking on snow, and **the water was crystal clear**. We tried all sorts of food and we **were in awe of every single dish**. All the **locals we met were genuinely kind** to us. **4** I cannot think of a single thing that I didn't like because **every moment I spent there was like being in paradise**.

Useful Vocab

- **memorable** 기억 할만한
- **instantly** 즉시
- **cabin** 오두막집
- **be in awe of~** ~에 대해 경외심을 갖다
- **ferry** 연락선, 페리
- **fall in love with~** ~와 사랑에 빠지다
- **private** 사유의, 개인 소유의
- **local people** 현지인
- **check out~** ~을 살펴보다
- **rent~** ~을 빌리다, 대여하다
- **fine** 고운
- **genuinely** 진정으로

My Answer   자신의 이야기를 답안으로 만들어 보세요.

Tip 답변 구성 전 Tip을 확인하세요!
- 가장 기억에 남는 여행지에 대해 이야기
- 여행지의 위치와 가는 방법
- 여행지에서 있었던 일
- 좋았던 점이나 안 좋았던 점에 대해 이야기
- 앞으로 그 곳으로의 여행 계획이나 추억을 포함 하면 더 좋음

Q3 Which do you prefer, traveling alone or traveling with other people? Please explain your reasons in detail.

Brainstorming 선호하는 여행 방식에 대해 이야기 할 때 필요한 아이디어를 정리 해 보세요.

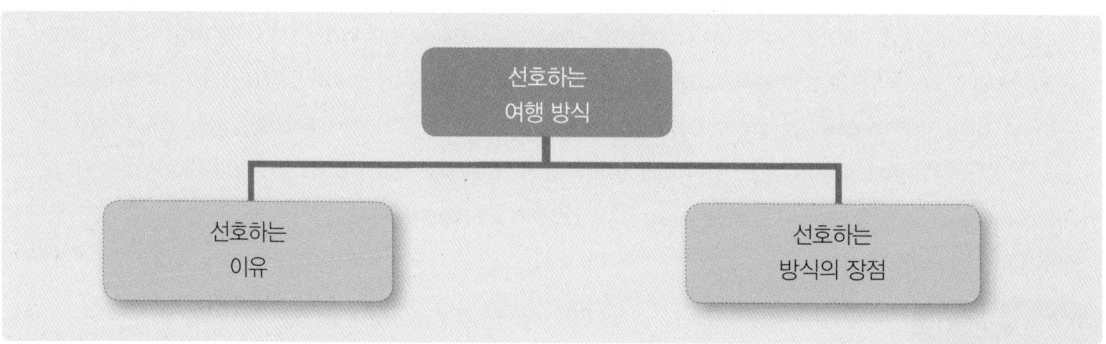

Key Words

1 선호하는 여행 방식	① 지금까지의 나의 여행 방식은 주로 어떠했는지? ② 혼자 하는 여행을 좋아하는지, 함께하는 여행을 좋아하는지?
2 선호하는 이유	① 혼자 또는 함께 하는 여행을 선호하는 이유는? ② 그 방식을 좋아하는 또 다른 이유는?
3 선호하는 방식의 장점	① 선호하는 여행 방식의 장점은? ② 선호하는 여행 방식이 주는 즐거움은? ③ 선호하는 여행 방식으로 여행을 갔던 경험은?

Model Answer

Key Words를 이용해 구성한 답변을 확인 해 보세요.

1 I definitely **prefer traveling with other people** to traveling alone. **2** I love traveling and exploring new places but **I have no sense of direction**. Even with help of maps or a navigation system, I get hopelessly lost. Without a travel companion, I'd still be on vacation somewhere. I think that's the biggest reason I prefer traveling with company. **I also like having someone to talk to about the little discoveries** that are always a part of travel. When I am alone, I feel uncomfortable sharing my thoughts with strangers. **3** I can't just travel with anyone, though. I'm not shy about exploring new things such as extreme sports or trying out exotic local foods. **Traveling with someone who has a similar sense of adventure makes the trip 10 times better**. My best friend since middle school fits all these criteria. He not only has a perfect sense of direction but also is well travelled himself. He's the perfect travel partner.

Useful Vocab

- definitely 분명히
- sense of direction 방향 감각
- get lost 길을 잃다
- get impressed 감동 받다
- local food 토속 음식
- criteria 규준, 표준
- explore~ ~을 탐험하다
- navigation system 운행 유도 시스템
- company 함께 있는 사람들, 일행
- eccentric 기이한, 별난
- taste 취향
- well-travelled 여행 경험이 많은

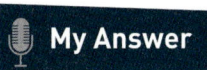 자신의 이야기를 답안으로 만들어 보세요.

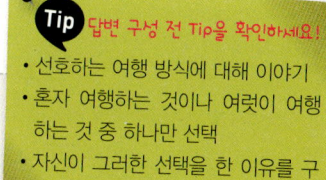
- 선호하는 여행 방식에 대해 이야기
- 혼자 여행하는 것이나 여럿이 여행하는 것 중 하나만 선택
- 자신이 그러한 선택을 한 이유를 구체적인 예로 설명

12

Chapter Review — Travel

Chapter 12.mp3

음원을 들으며 해석을 보고 이번 Chapter 내용을 복습해 보세요.

Q1 당신은 설문에서 여행을 좋아한다고 했습니다. 가장 좋아하는 방문지는 어디인가요? 그곳을 왜 좋아하나요? 구체적으로 이야기해주세요.

저는 어릴 때부터 항상 물에서 노는 것을 좋아해서, 휴가를 계획할 때 가장 먼저 가장 많이 관심을 갖게 되는 것은 물에 대한 접근성입니다. 제가 가장 좋아하는 방문지는 해변, 강, 호수, 온천입니다. 여러 곳 중에서 제가 가장 좋아하는 곳은 해남이라는 곳입니다. 이곳은 한국의 남쪽 끝자락에 위치한 도시로서, 아름다운 해변과 맛있는 음식으로 유명합니다. 지난 번 이곳에 갔을 때는 텐트를 가져가 일주일 내내 캠핑지서 지냈습니다. 제가 한 일이라고는 파도 소리에 잠을 깨어 아침을 가볍게 먹고 해변에서 책을 보고, 또 점심을 먹고 수영을 하고 해변에서 낮잠을 자고, 또 저녁과 술을 먹고 나서 해변에 앉아 별을 보고 잠자리에 드는 일이었습니다. 바닷물이 너무 맑아서 안경을 끼지 않았는데도 속이 훤히 들여다 보였습니다! 지금까지 보냈던 휴가 중 정말 최고였습니다. 그때 이후로 이 작은 도시는 제가 가장 좋아하는 여행지가 되었습니다.

Q2 여행했던 곳 중 가장 기억에 남는 나라나 도시는 어디인가요? 어떤 모습이었나요? 좋았던 점은 무엇이었나요? 안 좋았던 점은 무엇이었나요?

저는 20개국 이상을 여행했기 때문에 가장 인상적인 도시나 나라를 하나만 꼽기가 어렵습니다. 하지만 꼭 선택해야 한다면, 태국에 대해 이야기하고 싶습니다. 몇 년 전, 저는 친구들과 함깨 태국에 갔습니다. 도착한 곳은 방콕이었지만, 도심에서 보내는 휴가는 원치 않았기 때문에 다음날 버스와 페리를 타고 코따오라는 섬으로 갔습니다. 우리는 3개의 다른 섬에 가보기로 계획했지만, 코따오에 도착하는 순간 우리 모두 이 섬과 사랑에 빠졌습니다. 우리는 개인 소유의 해변 오른 편에 위치한 작은 숙소를 하나 빌렸습니다. 해변의 모래는 너무 고와서 마치 눈 위를 걷고 있는 듯했고, 물은 수정처럼 맑았습니다. 우리는 갖가지 음식을 맛보았고, 음식 하나 하나에 감탄을 금치 못했습니다. 그곳에서 만난 주민들 모두 우리를 진심으로 친절하게 대해주었습니다. 그곳에서는 매 순간 천국에 있는 듯한 느낌이었기 때문에 안 좋았던 점은 하나도 생각 나지 않습니다.

Q3 혼자 하는 여행과 사람들과 함께 하는 여행 중 어떤 것을 좋아하나요? 그 이유를 자세히 설명해주세요.

저는 분명히 혼자보다는 사람들과 함께 하는 여행을 더 좋아합니다. 새로운 곳을 여행하고 탐험하는 것을 좋아하지만 저의 가장 큰 문제점은 방향 감각이 없다는 것입니다. 그래서 지도나 네비게이션의 도움을 받더라도 길을 쉽게 잃어버립니다. 이것이 바로 제가 사람들과 함께 하는 여행을 좋아하는 가장 큰 이유입니다. 또, 저는 작은 것에도 쉽게 감동을 받고, 이런 감정을 다른 사람들과 나누는 것을 좋아합니다. 하지만 혼자일 때는 그렇게 할 수 없습니다. 그러나 누구와 여행을 함께하는지도 매우 중요합니다. 저는 극한 스포츠를 하거나 기이한 토속 음식을 먹어보는 등 새로운 경험을 하는 것을 두려워하지 않습니다. 비슷한 취향을 가진 사람과 여행을 하면 열 배는 더 재미있습니다. 중학교 때부터 가장 친하게 지내는 친구는 이 모든 기준에 부합합니다. 그 친구는 방향 감각이 뛰어날뿐 아니라 여행 경험도 많습니다. 그래서 저는 이 친구와 여행을 하는 것을 좋아합니다.

Part 3 돌발 공략

Chapter 13 **Home Improvement Project**

Chapter 14 **Eating Out**

Chapter 15 **Weather**

Chapter 16 **Banks**

Chapter 17 **Geographic Features**

Chapter 18 **Meeting Arrangement**

Chapter 13
Home Improvement Project

STEP 1 — About the Topic

출제 유형 따라잡기

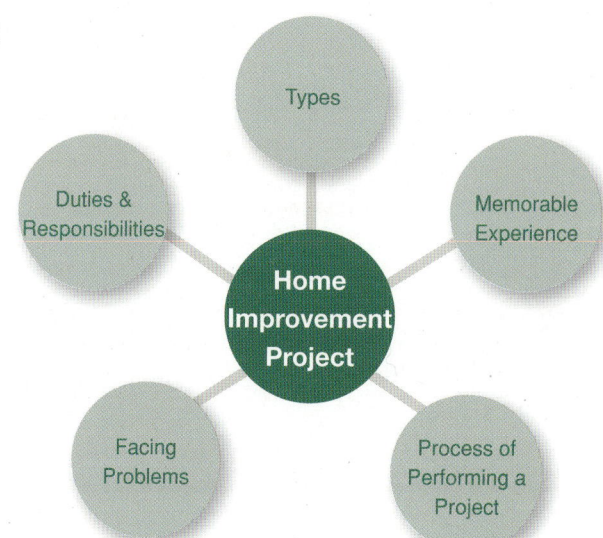

실전 문제 미리 보기

문제 난이도 ★

1. What kinds of things do you normally do on your home improvement project? What are some of your responsibilities? Tell me about it in as much detail as possible.
2. Describe the tools you use for home improvement projects. What do they look like? How do you use them? Describe in detail.

문제 난이도 ★★

1. Tell me about your recent experience of home improvement project. What did you do? Tell me the whole story and the steps you took on your recent home improvement project.
2. Tell me about an incident related to home improvement project. It could have been a funny or a frustrating moment. Why was the incident so memorable? First, give me the background of what happened and then describe it in detail.

문제 난이도 ★★★

1. What kinds of problems do you run into during home improvement project? Why do they happen, and what do you do to resolve them? Explain in detail.
2. I'd like to know about typical home improvement projects people do in your country. Have they been changed? How has the change affected people's lives?

STEP 2 — Build your Vocab

Home Improvement Project 종류
- electrical and plumbing
- interior projects
- energy efficiency
- lawn and garden
- exterior projects
- outdoor buildings
- home security

Home Improvement Project 하는 방법
- upgrade heating, ventilation and air
- repaint rooms, walls of fences
- install air conditioning systems
- repair plumbing and electrical systems
- make waterproof basements
- turn marginal areas into livable spaces
- build soundproof rooms
- replace windows and lighting
- tear off the root and replace it

사용하는 도구

Hand tools
- hammer
- mallet
- sledge
- screwdriver
- wrench
- punch

Measuring tool
- measuring tape
- level
- ruler
- lamp & shade
- ceiling fans
- outdoor lighting

Power tools
- hand drill
- power screwdriver
- jigsaw

Home Improvement Project의 결과

Before
- pipe burst
- unused area
- dark & dated
- builder basic
- cramped and boring
- old kitchen
- energy waste

After
- get stainless steel without going break
- welcoming guest bedroom
- open & airy
- full of personality
- spacious, fresh and convenient
- remodeled kitchen
- energy efficient

STEP 3 | Actual Combo Questions

Q1 What kinds of things do you normally do on your home improvement project? What are some of your responsibilities? Tell me about it in as much detail as possible.

Brainstorming 주로 하는 집 꾸미기에 대해 이야기 할 때 필요한 아이디어를 정리 해 보세요.

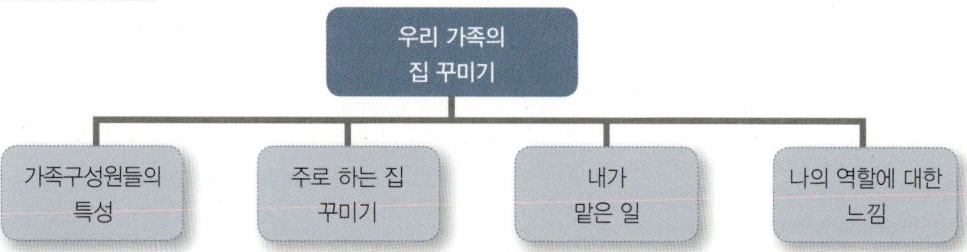

Key Words

1 가족 구성원들의 특성
① 집안일에 대한 가족들의 태도는?
② 가족들이 집 꾸미기를 좋아하는지, 귀찮아 하는지?

2 우리 가족이 주로 하는 집 꾸미기
① 주로 어떤 종류의 집 꾸미기를 하는지?
② 집 꾸미기를 자주 하는 편인지?
③ 집 꾸미기는 주로 언제 하는지?

3 집 꾸미기를 할 때 내가 맡은 일
① 집 꾸미기를 할 때 내가 맡는 일은?
② 큰 역할인지, 작은 역할인지?
③ 주도적으로 하는 편인지?

4 나의 역할에 대한 느낌
① 내가 맡은 일이 즐거운지?
② 도움이 필요할 때 누구에게 요청하는지?

Model Answer

Key Words를 이용해 구성한 답변을 확인 해 보세요.

1 **There are 4 people in my family** including my baby sister who is 10 years old. **My father is a very conservative man** who thinks women need to do all the houseworks, so he barely lifts a finger when he's home. My baby sister likes to help with housework but because she's so little, **there's not much she can do.** **2** This means **when there's something needs to be done around the house, it's usually my responsibility.** **3** My mother takes care of the usual housework such as cooking, cleaning and doing laundry. But if **there's a bulb that needs to be changed or furniture needs to be moved**, she calls for me. My mother once hurt her finger badly while trying to use a hammer. Since then, I don't let her anywhere near the hammer. **4** Sometimes, I get tired of doing so many things around the house and ask my father for help but so far, I haven't had any luck with that.

Useful Vocab

- improvement 개선, 개조
- barely 간신히
- bulb 전구
- have luck with~ ~에 운이 있다
- conservative 보수적인
- responsibility 책임, 맡은 일
- badly 심하게
- housework 집안일
- do laundry 빨래를 하다
- hammer 망치

 자신의 이야기를 답안으로 만들어 보세요.

 답변 구성 전 Tip을 확인하세요!
- 집 꾸미기에 대한 일반적인 활동 묘사
- 가족들 각자의 역할 분담
- 평소에 하는 습관적인 행동이 포함되어도 좋음

Q2 Tell me about your recent experience of home improvement project. What did you do? Tell me the whole story and the steps you took on your recent home improvement project.

Brainstorming 최근에 했던 집 꾸미기에 대해 이야기 할 때 필요한 아이디어를 정리 해 보세요.

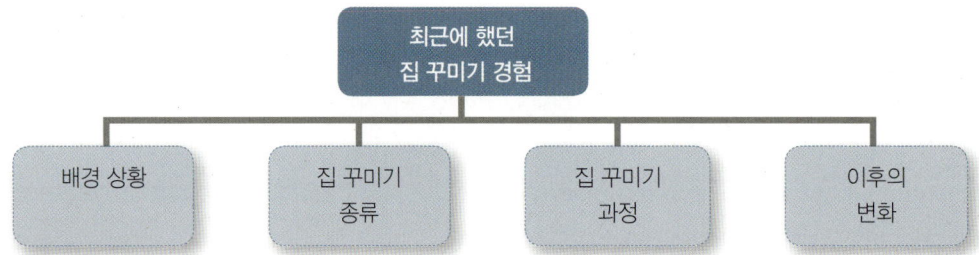

Key Words

1 집 꾸미기를 하기 전 배경 상황	① 집 꾸미기를 하기 전의 상황은 어땠는지? ② 집 꾸미기를 결심한 이유는?
2 집 꾸미기의 종류	① 어떤 종류의 집 꾸미기였는지? ② 손이 많이 가는 작업이었는지, 간단한 작업이었는지
3 집 꾸미기 과정	① 정보 수집과 계획 단계에서 한 일은? ② 실행 단계에서 가장 먼저 한 일은? ③ 본격적인 실행 단계에서 한 일은? ④ 마무리 단계에서 한 일은?
4 집 꾸미기를 하고 난 후	① 집 꾸미기를 하고 난 후 어떤 변화가 있었는지? ② 집 꾸미기를 하고 난 후의 기분은 어땠는지?

Model Answer
Key Words를 이용해 구성한 답변을 확인 해 보세요.

1 **My mother had a lot of appliances in the kitchen but she didn't have enough space to put them.** So they were always on the kitchen counter and my mom never had enough space to work while preparing a meal. **2** She also had to move them around every time she needed to use something, so **I decided to build a tall cabinet where she could store the appliances.** **3** **First**, I took the measurements of the appliances and the kitchen. Then I came up with a design for how I wanted the cabinet to look. **When the design was complete**, I took it to a friend who is a carpenter and asked him to help me build the cabinet. It took me a whole week since I only had couple hours a day to work on it. **When I brought it home**, it fit perfectly into the spot I wanted. **4** My mother also seemed very pleased with it. Now, **the kitchen counter looks so much neater** and **I feel proud of myself**.

Useful Vocab

- take steps 절차를 밟다
- prepare a meal 식사를 준비하다
- take the measurements 치수를 재다
- fit into~ ~에 꼭 들어맞다
- appliance 기기
- build~ ~을 짓다, 만들다
- come up with~ ~을 마련하다
- perfectly 완벽하게
- space 공간
- store~ ~을 보관하다
- complete 완성된
- neat 정돈된

My Answer
자신의 이야기를 답안으로 만들어 보세요.

Tip 답변 구성 전 Tip을 확인하세요!
- 최근 집 꾸미기 했던 경험 이야기 하기
- 집 꾸미기를 했던 이유와 과정을 포함
- 집 꾸미고 난 뒤 변화된 집의 상태
- 작업이 끝나고 나서의 기분

Q3 Tell me about an incident related to home improvement project. It could have been a funny or a frustrating moment. Why was the incident so memorable? First, give me the background of what happened and then describe it in detail.

Brainstorming 집 꾸미기와 관련된 에피소드에 대해 이야기 할 때 필요한 아이디어를 정리 해 보세요.

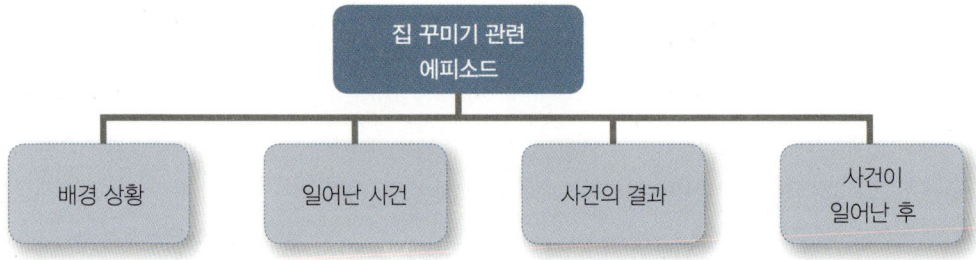

Key Words

1 배경 상황
① 사건이 일어난 때는?
② 어떤 집 꾸미기와 관련된 에피소드인지?

2 일어난 사건
① 좋은 일이었는지, 나쁜 일이었는지?
② 어떤 일이 일어났는지?
③ 나쁜 일이었다면 어떻게 해결했는지?

3 사건의 결과
① 사건의 결과는 어땠는지?
② 사건을 겪은 후의 느낌은 어땠는지?

4 사건이 일어난 후
① 에피소드 이후에 변한 것이 있다면?
② 에피소드 이후에 결심한 것이 있다면?

Model Answer

Key Words를 이용해 구성한 답변을 확인 해 보세요.

1 Let me tell you about the time **my mother hurt her finger while using a hammer**. It was a couple of years ago. **2** The weekend before the accident, **my family and I went shopping and found a very nice piece of art for the wall**. My mother asked me to hang it up, but I totally forgot about it for a whole week. **3** One day later that week when I got home, my mother had a white cloth wrapped around her thumb. I asked what happened and she told me that **she hurt herself while trying to hang up the painting**. When I took the cloth off, I saw that it was badly swollen. I asked if she went to see a doctor and she said no! I was so worried that we went to the ER and had a doctor to check it out. **Fortunately it wasn't a serious injury** but the doctor said she would probably lose her thumbnail. **4** Since then, **whenever my mother asks me to hang something, I get it done right away**.

Useful Vocab

- hurt~ ~을 다치게 하다
- cloth 직물
- take off~ ~을 벗기다
- injury 부상, 상처
- piece of art 미술 작품
- wrap~ ~을 싸다
- swollen 부어 오른
- thumbnail 엄지손톱
- hang up~ ~을 걸다
- thumb 엄지손가락
- serious 심각한
- right away 즉시

My Answer

자신의 이야기를 답안으로 만들어 보세요.

Tip 답변 구성 전 Tip을 확인하세요!
- 집 꾸미기와 관련된 에피소드 이야기 하기
- 좋았거나 나쁜 경험 중 택일
- 사건의 배경과 일어난 일, 그 후의 결과 까지 모두 이야기
- 자신이 했던 일과 느낌도 포함

13
Chapter Review — Home Improvement Project

음원을 들으며 해석을 보고 이번 Chapter 내용을 복습해 보세요.

Q1 집 꾸미기 작업을 할 때 귀하는 보통 어떤 일들을 하나요? 당신이 맡은 일은 무엇인가요? 가능한 한 자세히 이야기해주세요.

10살짜리 여동생을 포함해 우리 가족은 모두 4명입니다. 아버지는 매우 보수적인 편이라 여자들이 집안일을 모두 해야 한다고 생각해서, 집에 오면 손가락 하나 까딱하지 않습니다. 여동생은 집안일 돕기를 좋아하지만 너무 어려서 할 수 있는 일이 많지 않습니다. 그래서 집안에 필요한 일이 생기면 보통은 제 할 일이 됩니다. 어머니는 요리, 청소, 빨래 같은 일반적인 집안일을 담당합니다. 하지만 전구를 교체하거나 가구를 옮길 일이 있으면 저를 부르십니다. 어머니는 망치를 사용하다가 심하게 다치신 적이 있습니다. 그 후로 저는 어머니가 망치 근처에도 가지 못하게 합니다. 가끔씩 많은 집안일 때문에 지쳐서 아버지에게 도움을 요청하기도 하지만, 지금껏 한번도 도움을 받지 못했습니다.

Q2 최근에 집 꾸미기 작업을 했던 경험에 대해 이야기해주세요. 어떤 일을 했나요? 최근에 했던 집 꾸미기 작업에 대해 모두 이야기해주시고, 어떤 절차로 했는지도 알려주세요.

어머니한테는 주방 용품들이 많지만 그것들을 놓을만한 공간이 충분하지 않았습니다. 그래서 항상 물건들이 부엌 조리대에 있었기 때문에 어머니가 식사 준비를 할 때 요리 공간이 부족했습니다. 그리고 물건이 필요할 때마다 물건을 옮겨서 사용해야 했습니다. 그래서 저는 어머니가 주방 용품들을 보관하실 수 있도록 높은 수납장을 만들기로 했습니다. 먼저, 저는 주방 용품의 양과 주방의 크기를 쟀습니다. 그 다음, 원하는 모양의 수납장을 만들기 위해 디자인을 했습니다. 디자인을 완성한 뒤, 목수인 친구에게 가져가 수납장 만드는 일을 도와달라고 부탁했습니다. 하루에 몇 시간 밖에 일할 수 없었기 때문에 수납장을 만드는 데 일주일이 꼬박 걸렸습니다. 수납장을 집에 가져와 보니 제가 원하는 장소에 딱 맞게 들어갔습니다. 어머니도 수납장을 보고 매우 좋아하시는 눈치였습니다. 이제 부엌 조리대가 훨씬 더 깔끔해졌고, 내 자신도 자랑스럽습니다.

Q3 집 꾸미기 작업과 관련된 사건에 대해 이야기해주세요. 재미있거나 황당한 순간이었을 수도 있습니다. 그 사건이 왜 그렇게 기억에 남나요? 먼저 사건이 발생한 배경을 말씀해주시고, 사건에 대해 자세히 설명해주세요.

어머니가 망치를 사용하다가 손가락을 다치신 때에 대해 이야기하겠습니다. 몇 년 전이었습니다. 사건이 일어나기 전 주말, 우리 가족은 쇼핑을 가서 벽에 걸 멋있는 작품을 하나 발견했습니다. 어머니는 저에게 그림을 걸어달라고 했지만, 저는 일주일 동안 그 일에 대해 까맣게 잊고 있었습니다. 그 주 후반 어느 날, 집에 도착하니 어머니의 엄지손가락에 하얀 헝겊이 덮여 있었습니다. 무슨 일이 있었냐고 물어보니, 그림을 걸다가 다치신 거라고 했습니다. 헝겊을 벗겨보니 손가락이 심하게 부어있었습니다. 병원에 갔었냐고 물으니, 어머니는 아니라고 하셨습니다. 너무나 걱정이 되어, 우리는 응급실로 갔고 의사 선생님에게 진료를 받았습니다. 다행히 심각한 부상은 아니었지만, 의사 선생님은 어머니의 엄지 손톱이 빠질 수도 있다고 했습니다. 그 후로 어머니가 무언가를 걸어달라고 부탁하시면, 즉시 걸어드립니다.

Chapter 14 > Eating out

STEP 1 — About the Topic

출제 유형 따라잡기

실전 문제 미리 보기

문제 난이도 ★

1. You indicated in the survey that you enjoy dining out. Tell me about your favorite restaurant. What kind of food does it serve? Why do you like the place? Tell me in detail.
2. I'd like to know about some of the traditional foods you can enjoy in restaurants. What do you eat and when do you eat them? Tell me all the details.

문제 난이도 ★★

1. Tell me about the last time you ate out. Where did you go and what did you eat? With whom did you go? Did you enjoy it? Describe your experience in detail.
2. Tell me how you find a good restaurant. Do you search on-line or do you ask your friends? Describe in as much detail as possible.

문제 난이도 ★★★

1. Tell me about a restaurant you used to go to when you were a child. What do you remember of that place? How are restaurants you went to when you were young different from the ones you go to today? How have they changed?
2. Which do you prefer, eating out at a restaurant or eating at home? Why is it better? Explain your reasons in as much detail as possible.

STEP 2 Build your Vocab

외식을 하는 이유

- meet someone
- can't cook
- unwilling to cook
- trying new tastes
- entertaining
- celebration
- emergency
- travelling

외식 장소

- café
- fast-food restaurant
- bistro
- buffet
- snack bar
- pub
- hotel restaurant
- diner

외식 음식

- spaghetti & salad
- pizza and calzones
- hamburgers with sweet corn
- tacos & guacamole
- braised short ribs & mashed potatoes
- sandwiches
- dumplings
- Indian curry
- sushi
- waffle
- hot dogs
- Chinese hot pot

외식 및 음식과 관련된 표현

메뉴

starters/appetizers/entrees
soup
main course
desserts
beverages

외식 관련 용어

reserve/book	chef	check
make a reservation	menu	separate check
nonsmoking table	house special	tip
waiter/waitress	credit card	

STEP 3 — Actual Combo Questions

Q1 You indicated in the survey that you enjoy dining out. Tell me about your favorite restaurant. What kind of food does it serve? Why do you like the place? Tell me in detail.

Brainstorming
좋아하는 외식 장소에 대해 이야기 할 때 필요한 아이디어를 정리 해 보세요.

좋아하는 음식점 → 기본 정보 → 메뉴 → 좋아하는 이유

Key Words

1. 내가 좋아하는 음식점
① 가장 좋아하는 음식점의 이름은?
② 어떤 종류의 음식점인지?

2. 음식점에 관한 기본 정보
① 음식점의 위치는?
② 음식점의 규모는?
③ 음식점의 외관은?
④ 음식점의 실내 분위기는?

3. 음식점에서 제공하는 메뉴
① 음식점에서 제공하는 메뉴는?
② 음식점의 특별 메뉴는?
③ 내가 즐겨먹는 메뉴는?

4. 그 음식점을 좋아하는 이유
① 그 음식점에 일반적인 평가는?
② 내가 그 음식점을 좋아하는 이유는?

Model Answer
Key Words를 이용해 구성한 답변을 확인 해 보세요.

1 **I love Thai and other Southeast Asian foods**, so my friends and I always search on the Internet for these kinds of restaurants. The best one we've found so far is called "**Thai and Joy**", which is located about 10 minutes from my house by car. **2** The restaurant is **located right next to** *Yuldong* Park, which just happens to be one of my favorite parks. The restaurant is **not very big**, and whenever I go there, I see just one or two cars parked outside. Inside, the whole place looks **very cozy**; there are only five or six tables, with a small fireplace in the corner. This place also has huge windows, so I can get a lot of warm sunlight. Maybe such sunlight makes this place look even cozier. Through the window, I can enjoy a beautiful view of the lake and the park. **3** This restaurant sells amazing **Shrimp Green Curry** and *Tom Yum Kung*. Their *Tom Yum Kung* is particularly good. No other restaurant so far has been as good. I also enjoy ordering from their **specialty dessert menu**, as many dishes are made with coconut milk and fruit native to Thailand. **4** Although **the food is a little expensive**, I **still love to eat there**.

Useful Vocab

- right next to~ ~바로 옆에
- cozy 아늑한
- view 풍경
- happen to~ 우연히 ~하다
- fireplace 벽난로
- specialty 잘 하는 요리
- parked 주차된
- sunlight 햇빛, 햇살
- native to~ ~가 원산지인

My Answer
자신의 이야기를 답안으로 만들어 보세요.

Tip 답변 구성 전 Tip을 확인하세요!
- 장소 묘사
- 식당의 위치, 외관, 분위기 등을 중점적으로 묘사
- 식당을 좋아하는 이유를 구체적으로 설명

Q2 Tell me about the last time you ate out. Where did you go and what did you eat? With whom did you go? Did you enjoy it? Describe your experience in detail.

Brainstorming 최근에 했던 외식에 대해 이야기 할 때 필요한 아이디어를 정리 해 보세요.

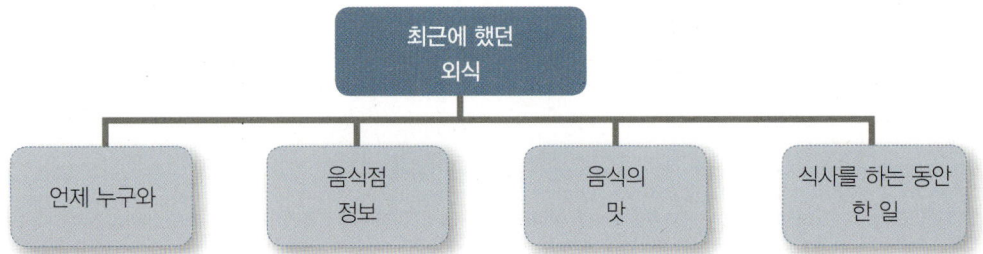

Key Words

1 외식을 한 때와 함께한 사람
① 최근에 외식을 한 때는?
② 외식을 함께한 사람은?

2 음식점에 관한 정보
① 음식점의 위치는?
② 음식점의 주 메뉴는?
③ 그 음식점만의 특별한 점은 없는지?

3 음식 점에 대한 평가
① 음식의 맛이 좋았는지, 나빴는지?
② 음식의 종류와 질은 어땠는지?
③ 다음 번에 또 방문을 할 것인지?

4 외식을 하면서 있었던 일
① 식사를 하면서 무엇을 했는지?
② 외식을 하는 동안 특별한 사건이 있었는지?

Model Answer
Key Words를 이용해 구성한 답변을 확인 해 보세요.

1 The last time I went out to eat was **last weekend with my best friends**. My friends and I love to scour the Internet for good restaurants, and we usually decide where to go based on blog reviews. **2** Last weekend, one of my friends sent my friends and me a text message, telling us that she had found a great **seafood buffet** place **located near my office**. We decided to meet for lunch, because, according to my friend, this restaurant offers **a lot of high quality and fresh food with low priced lunch specials**. **3** Once we all got there, we started wandering around the restaurant picking up various items. Like my friend had said, this place was full of **tasty seafood dishes**, and it also had **a variety of desserts and drinks**. **I couldn't believe that there was such wonderful place near my office**. I have been working for this company for more than a year and I was totally unaware of this place! **4** My friends and I **stayed in this restaurant for three hours**. We **ate, talked, ate some more, and chatted again**. Each one of us paid around thirty dollars per person, and I think it was well worth the money!

Useful Vocab

- scour 샅샅이 뒤지다
- seafood 해산물
- quality 양질의
- tasty 맛있는
- review 비평, 서평
- according to~ ~에 따르면
- wander around~ ~주변을 돌아다니다
- be unaware of~ ~을 모르다
- send a text message 문자를 보내다
- offer~ ~을 제공하다
- pick up~ ~을 집다
- worth~ ~의 가치가 있는

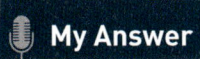 **My Answer** 자신의 이야기를 답안으로 만들어 보세요.

 Tip 답변 구성 전 Tip을 확인하세요!
- 최근 외식 경험 묘사
- 함께 간 사람과 좋았는지 싫었는지가 꼭 포함 되도록
- 식당 장소부터 가서 나올 때 까지를 구체적으로 묘사 할수록 좋음

Q3 Tell me about a restaurant you used to go to when you were a child. What do you remember of that place? How are restaurants you went to when you were young different from the ones you go to today? How have they changed?

Brainstorming 어릴 적에 갔던 외식 장소에 대해 이야기 할 때 필요한 아이디어를 정리 해 보세요.

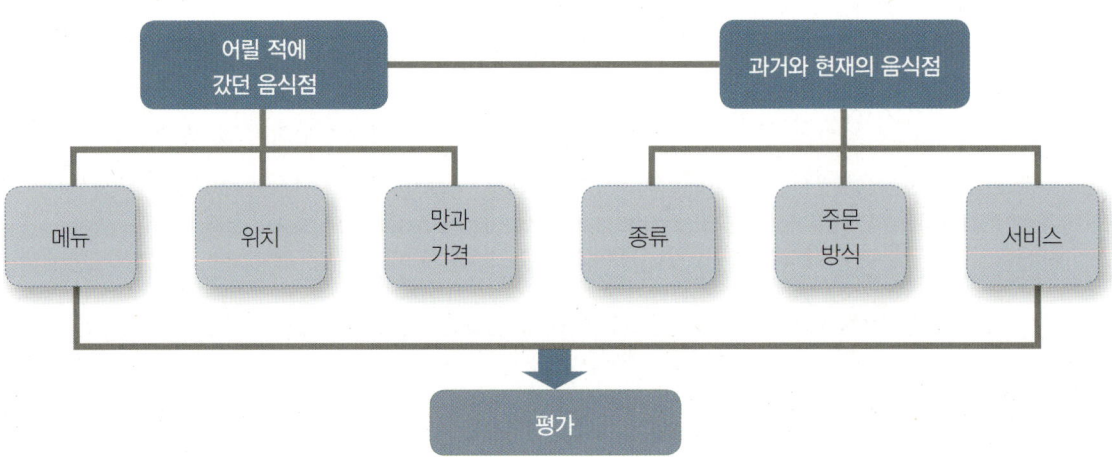

Key Words

1 어릴 적에 갔던 음식점	① 어떤 종류의 메뉴가 있었는지? ② 음식점의 위치와 가는 방법은?
2 과거와 현재의 음식점 비교	① 음식의 종류는 어떻게 달라졌나? ② 음식 주문 방식은 어떻게 달라졌나? ③ 음식점의 서비스는 어떻게 달라졌나?
3 과거와 현재의 음식점 평가	① 과거의 음식점이 더 좋은지, 현재의 음식점이 더 좋은지? ② 음식점에 대해 바라는 점이 있다면?

Model Answer   Key Words를 이용해 구성한 답변을 확인 해 보세요.

❶ When I was a child, I used to go to **the steakhouse in a shopping mall in my neighborhood**. Every Sunday, my parents and I would go shopping. When lunchtime came around, my family went up to the second floor of the mall, where several fancy restaurants were located. **❷** As far as I remember, **there were places like a traditional Korean food restaurant, a steakhouse, and a Japanese sushi restaurant**. My dad had always wanted to go eat Korean food, but I always wanted to eat steak. My mom would second me on this, so we ended up going to the steakhouse. **Now**, when I go to shopping malls, **I see a lot of food courts**, where **each person can decide on what to eat but they can share one table**. **❸** If such food courts had existed in the past, **I don't think my dad would have had to suffer eating something he didn't want**. Instead, he could have had the Korean dishes that he liked, and my mom and I could enjoy the steak.

Useful Vocab

- traditional 전통의
- end up –ing~ 결국 ~하다
- dish 음식
- sushi 초밥
- food court 푸드코트, 식당가
- second 편을 들다
- share 나누다, 나눠먹다

My Answer   자신의 이야기를 답안으로 만들어 보세요.

Tip 답변 구성 전 Tip을 확인하세요!
- 어렸을 적 갔던 식당 묘사
- 현재 다니는 식당과 그때의 식당의 차이점
- 현재와 과거를 비교해야 하므로 시제 사용에 유의

14

Chapter Review   Eating Out

Chapter 14.mp3

음원을 들으며 해석을 보고 이번 Chapter 내용을 복습해 보세요.

Q1 당신은 설문에서 외식하는 것을 좋아한다고 했습니다. 가장 좋아하는 음식점에 대해 이야기해주세요. 그 음식점에서 어떤 음식을 파나요? 그 음식점을 왜 좋아하나요? 자세히 말해주세요.

저는 태국음식과 다른 동남아 음식도 좋아해서, 저와 제 친구들은 이런 종류의 음식점을 찾으려고 항상 인터넷을 검색합니다. 지금까지 찾아낸 음식점 중에서 최고는 타이 앤 조이라는 곳인데, 우리집에서 차로 10분 거리에 있습니다. 이 음식점은 우연히도 제가 가장 좋아하는 율동공원 바로 옆에 있습니다. 이 음식점은 그렇게 크지 않아서, 갈 때마다 밖에는 차가 한두 대 정도만 주차되어 있습니다. 탁자도 대여섯 개밖에 없고, 한쪽 구석에는 벽난로가 있어서 내부는 전체는 매우 아늑합니다. 이곳은 넓은 창이 많이 있어서 따뜻한 햇살을 많이 받을 수 있습니다. 아마도 햇살 때문에 이곳이 더 아늑해 보이는 것도 같습니다. 창문을 통해 호수와 공원의 아름다운 풍경도 볼 수도 있습니다. 이 음식점은 정말 맛있는 새우 그린 커리를 팝니다. 톰얌쿵도 정말 맛있습니다. 지금까지 여기보다 더 좋은 곳을 찾지 못했습니다. 이 음식점은 태국에서 나는 코코넛 우유와 과일로 디저트를 만들기 때문에, 저는 특별 디저트 메뉴를 시켜 먹는 것도 좋아합니다. 음식값은 조금 비싸지만, 그래도 여기서 음식을 먹고 싶습니다.

Q2 마지막으로 외식을 했던 때에 대해 이야기해주세요. 어디에 가서 무엇을 먹었나요? 누구와 함께 갔나요? 즐거웠나요? 경험에 대해 자세히 말해주세요.

마지막으로 외식을 한 때는 지난 주말 친한 친구들과 함께였습니다. 친구들과 저는 좋은 음식점을 찾기 위해 인터넷을 샅샅이 뒤지는 것을 좋아하고, 보통 블로그평을 기준으로 장소를 정합니다. 지난 주말, 친구 한 명이 우리에게 문자를 보내 제 사무실 근처에 있는 좋은 해산물 뷔페점을 찾았다고 했습니다. 친구의 말에 따르면, 이 음식점에서 점심 특선 메뉴로 저렴한 가격에 질 높고 신선한 음식이 많이 제공된다고 해서, 우리는 점심 때 만났습니다. 음식점에 모이자마자, 우리는 곳곳을 돌며 다양한 음식을 접시에 담았습니다. 친구가 말했던 것처럼 음식점에는 맛있는 해산물이 가득 했고, 디저트와 음료도 다양했습니다. 이렇게 훌륭한 곳이 제 사무실 근처에 있다니 믿기지가 않았습니다. 회사에서 일한 지 1년이 넘었는데도 이런 곳을 모르고 지냈습니다. 친구들과 저는 그 음식점에서 3시간을 보냈습니다. 먹고 얘기하고, 또 먹고 이야기를 나누었습니다. 우리는 각자 30달러 정도를 지불했고, 그 돈을 낼 만한 가치가 충분했다고 생각합니다.

Q3 어렸을 때 갔던 음식점에 대해 이야기해주세요. 그 곳의 어떤 점이 기억에 남나요? 어렸을 때 갔던 음식점과 지금의 음식점은 어떻게 다른가요? 예전의 음식점은 어떻게 변했나요?

저는 어릴 적에 동네 쇼핑몰 안에 있는 스테이크 전문점에 가곤 했습니다. 일요일마다 부모님과 함께 쇼핑을 갔습니다. 점심시간이 다가오면, 우리 가족은 고급 음식점 몇 군데가 있는 쇼핑몰 2층으로 올라갔습니다. 제 기억으로는 그곳에 한식 전문점, 스테이크 전문점, 일식 스시점이 있었던 것 같습니다. 아버지는 항상 한식을 원하셨지만, 저는 스테이크가 먹고 싶었습니다. 어머니는 항상 제 편을 들어주셨기 때문에 우리는 결국 스테이크집으로 가곤 했습니다. 지금은 쇼핑몰에 가면 각자 메뉴를 정하고, 한 탁자로 가져와 나누어 먹을 수 있는 식당가가 있습니다. 예전에 이런 식당가가 있었다면 아버지는 원치 않는 음식을 먹어야 하는 고통은 받지 않았을 겁니다. 그 대신, 아버지는 좋아하는 한식을 드시고, 엄마와 저는 스테이크를 먹을 수 있었을 겁니다.

Chapter 15 > Weather

STEP 1 — About the Topic

출제 유형 따라잡기

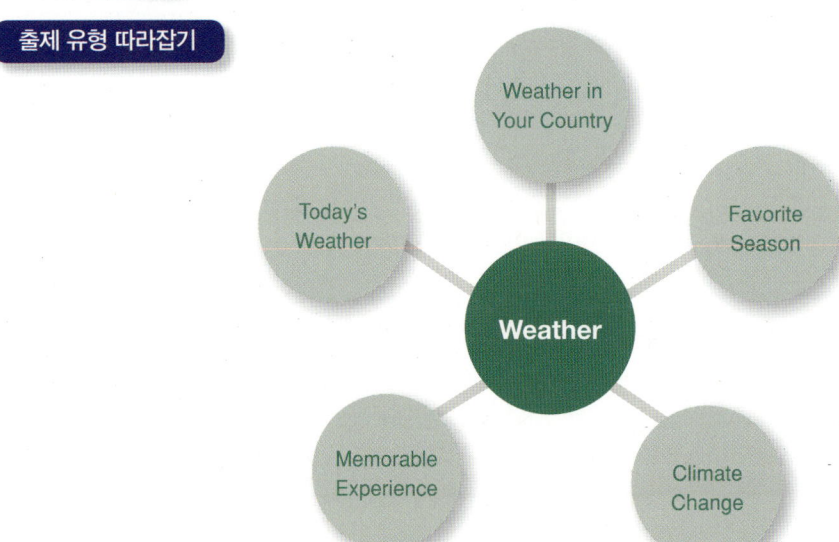

실전 문제 미리 보기

문제 난이도 ★

1. Tell me about your favorite season. Why do you like that season? What do you do at that time? Tell me all the details.
2. How has the weather been in your country recently? Describe the weather condition in detail and how it affected you.

문제 난이도 ★★

1. What is the weather like in your country? How is it different from other countries? How hot or cold does it get? How often does it rain? Tell me everything about the weather in your country.
2. I would like to now hear about a memorable incident you had due to weather conditions. What happened and how did you deal with the situation? What made it so special?

문제 난이도 ★★★

1. How has the weather changed over the years? What do you think causes climate change? How has it affected people's lives?
2. Tell me about the weather in your last vacation. How was it? How did it affect your plan? Explain in detail.

STEP 2 Build your Vocab

날씨를 묘사하는 표현

- warm
- dry
- shiny
- moderate rain
- yellow dust
- hot
- humid
- muggy
- continuous
- rainfall
- typhoon
- cool
- clear
- calm
- genial
- cold
- freezing
- windy
- heavy
- snowfall

날씨와 관련된 활동

- enjoy the spring flower festival
- have a picnic
- go on a picnic to
- go to the movies
- stay at home and watch TV
- sea swimming
- scuba diving
- water skiing
- get a tan
- go camping
- go maple-viewing/hiking
- go fishing
- read a book under a tree
- skiing
- snowboarding
- ice-skating
- visit hot springs

독특한 날씨 현상

- the last cold snap
- three cold days and four warm days
- yellow dust
- rainy season/monsoon

기후 변화와 관련된 용어

- climate change
- culprits of climate change
- meteorologist
- global warming
- global surface temperature
- emit greenhouse gas
- reduce carbon dioxide

STEP 3 Actual Combo Questions

Q1 What is the weather like in your country? How is it different from other countries? How hot or cold does it get? How often does it rain? Tell everything about the weather in your country.

Brainstorming
우리나라의 날씨에 대해 이야기 할 때 필요한 아이디어를 정리 해 보세요.

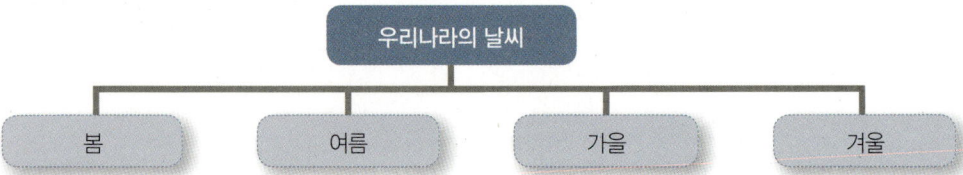

Key Words

1 봄
① 우리 나라 날씨의 대표적인 특징은?
② 봄은 언제 시작되는지?
③ 봄의 기온과 봄에 하는 활동은?
④ 봄에 찾아오는 특이한 날씨 현상은?

2 여름
① 여름의 기온과 옷차림은?
② 여름에 하는 활동은?
③ 여름의 전형적인 날씨는?

3 가을
① 가을의 기온과 가을에 하는 활동은?
② 가을에 일어나는 계절적 변화는?

4 겨울
① 겨울의 기온과 옷차림은?
② 겨울에 하는 활동은?

Model Answer

Key Words를 이용해 구성한 답변을 확인 해 보세요.

1 Unlike some other countries that have a yearlong summer or only winter, **Korea has four different seasons**. It is usually very cold from December to February, with sometimes over a meter of snow accumulating. **In March**, it **gets warmer**, but always becomes suddenly cold in mid-March. Koreans call this **Kkotsam Cold**, an expression that means the winter is jealous of the pretty flowers in spring. After this sudden cold passes, we have to deal with **yellow dust** until April. Yellow dust is caused by sand storms coming in from China due to the low humidity and the wind that blows from the west. **2** **From May, the climate gets hotter,** so people start wearing shorts and short sleeves. From mid-July, the air gets unbelievably humid, bringing a **monsoon** that lasts for about a month. Throughout this season, it's either raining outside, or it's both **hot and humid** at the same time. This is the season when everyone in Korea gets very cranky, because they are annoyed with the weather. **3** By the time the monsoon is finally over, it starts to become chilly at night but is still hot in the daytime. Starting in October, **the leaves begin to change colors.** **4** When all leaves have fallen **in November it starts to get very cold** again.

Useful Vocab

- yearlong 일년 내내 계속
- yellow dust 황사
- blow 바람이 불다
- humid 습한
- accumulate 모이다, 쌓이다
- sand storm 모래 보라(폭풍)
- shorts 반바지
- throughout~ ~내내
- jealous of~ ~을 시기하는
- humidity 습도
- unbelievably 놀랍도록
- cranky 짜증을 내는

My Answer

자신의 이야기를 답안으로 만들어 보세요.

Tip 답변 구성 전 Tip을 확인하세요!
- 우리나라의 날씨
- 다른 나라의 날씨와의 차이점
- 계절별 날씨 변화 등 특징적인 차이점을 이야기 해 주면 더 좋음

Q2 I would like to now hear about a memorable incident you had due to weather conditions. What happened and how did you deal with the situation? What made it so special?

Brainstorming 날씨와 관련된 사건에 대해 이야기 할 때 필요한 아이디어를 정리 해 보세요.

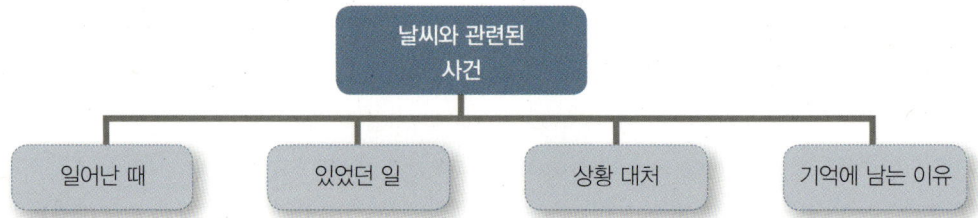

Key Words

1 사건이 일어난 때
① 언제 일어난 사건인지?
② 당시 누구와 함께 있었는지?
③ 사건이 일어나기 전 무엇을 하고 있었는지?

2 일어난 일
① 사건이 일어날 당시 날씨는 어땠는지?
② 어떤 사건이 일어났는지?
③ 사건이 일어날 당시의 기분은 어땠는지?

3 상황 대처
① 상황에 어떻게 대처했는지?
② 누군가에게 도움을 요청했는지?
③ 사건이 잘 마무리 되었는지?

4 기억에 남는 이유
① 사건을 겪고 나서 기분이 어땠는지?
② 즐거운 기억이었는지, 나쁜 기억이었는지?

Model Answer

Key Words를 이용해 구성한 답변을 확인 해 보세요.

1 The weather incident I remember most vividly happened **when I was 11 years old**. My friends and I were **walking home from school**. We were close friends, so we would walk to and back home from school together. **2** It was just a normal day—the sky was clear, and the temperature was moderate. However, when we were half way home, **it suddenly started to hail**. The size of each hailstone was about the size of a pingpong ball, and every time **the hail hit our bodies, it hurt!** **3** We **first tried to avoid the hail** because it hurt, but **it soon became a game** for us. We **got excited**, and we **started running through the hail**, jumping all over the place. After a few minutes, the hail changed to heavy rain. We became even more excited, because we didn't have to worry about ruining our clothes. The clothes were already half wet from the hail! **4** We **felt complete freedom**, so we screamed and jumped and ran. By the time my friends and I got home, we were soaked, and the sky was all clear again. Our parents were shocked to see us, and some of them even scolded us for not calling them to come pick us up. But we **had so much fun**!

Useful Vocab

- vividly 생생하게
- hail 우박, 우박이 내리다
- ruin 엉망으로 만들다
- soaked 흠뻑 젖은
- temperature 기온
- hailstone 우박 (한 알)
- scream 괴성을 지르다
- shocked 충격을 받은
- moderate 적절한
- avoid~ ~을 피하다
- by the time~ ~할 무렵
- scold~ ~을 야단치다

My Answer

자신의 이야기를 답안으로 만들어 보세요.

Tip 답변 구성 전 Tip을 확인하세요!
- 날씨와 관련된 개인적인 경험에 대해 이야기
- 그 당시의 상황과 날씨가 어떤 영향을 끼쳤는지 이야기에 포함
- 그 사건 속에서 자신이 한 행동
- 기억에 남는 이유도 꼭 포함 해야 함

Q3 How has the weather changed over the years? What do you think causes climate change? How has it affected people's lives?

Brainstorming 기후 변화에 대해 이야기 할 때 필요한 아이디어를 정리 해 보세요.

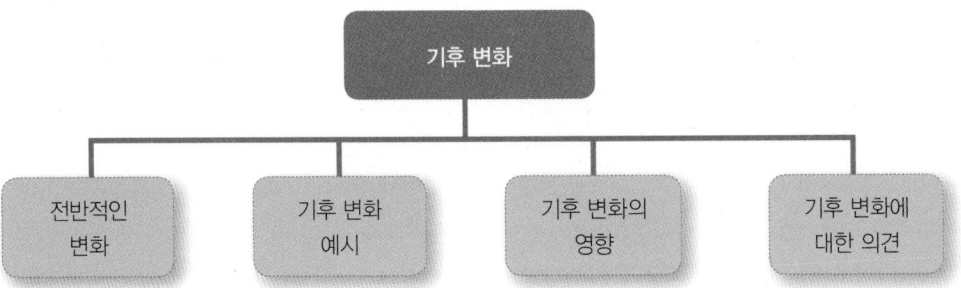

Key Words

1 전반적인 기후의 변화	① 현재 전반적인 기후는? ② 기후가 얼마나 많이 변했는지?
2 기후 변화의 예시	① 봄에 황사가 더 심해졌는지? ② 여름에 더 덥고 비가 많이 오는지? ③ 겨울에는 더 춥고 눈이 많이 오는지?
3 기후 변화의 영향	① 기후 변화로 인해 달라진 생활 방식이 있다면? ② 기후 변화로 인한 사건이나 사고는? ③ 기후 변화에 어떻게 대처하는지?
4 기후 변화에 대한 자신의 생각과 의견	① 기후 변화에 영향을 미친 요인은 무엇인지? ② 기후 변화를 방지하기 위해 해야 할 일은?

Model Answer — Key Words를 이용해 구성한 답변을 확인 해 보세요.

1 The weather is **becoming crazier and harsher every year** that passes. In the past, nobody had to worry about things like global warming. But now, I feel like the weather is always **at one extreme or the other**. **2** For example, **summer is a lot hotter than it was before**. Every summer, I hear the meteorologists saying that it is the worst heat in the last century. Since they repeat this kind of forecast every summer, it must be that the weather is getting hotter and hotter in summer. On the other hand, the **winter is becoming harsher and harsher**. **3** Every winter, **people suffer from insane amounts of snowfall**. Korea had a very heavy snowstorm this year, so **some people were even trapped in the snow**. Not only were heavy snowstorms a problem, but the temperature also fell dramatically, freezing all the roads in the city. Korea had never had winter this cold, so people did not know how to deal with such an amount of snow and ice. **A lot of streets and roads became very slippery, injuring a lot of pedestrians and causing numerous car crashes.** **4** The older generations say that it was never like this when they were young. It must be that the **whole planet is suffering from climate change**.

Useful Vocab

- harsh 가혹한, 혹독한
- meteorologist 기상학자
- snowfall 강설, 강설량
- slippery 미끄러운
- global warming 지구 온난화
- suffer from~ ~로 고통 받다
- trapped 갇힌, 빠진
- pedestrian 보행자
- extreme 맨 끝, 극한
- insane 정상이 아닌
- freeze~ ~을 얼게 하다
- numerous 많은

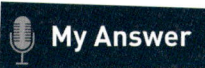 자신의 이야기를 답안으로 만들어 보세요.

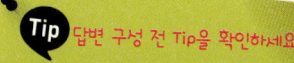 답변 구성 전 Tip을 확인하세요!

- 과거와 현재의 날씨의 변화에 대해 설명
- 기후가 어떻게 변화한 것인지 구체적인 예시 포함
- 기후 변화에 따른 사회나 자신의 생활에 있어서의 변화
- 자신의 의견이나 우려 등을 포함해도 좋음

15

Chapter Review — Weather

Chapter 15.mp3

음원을 들으며 해석을 보고 이번 Chapter 내용을 복습해 보세요.

Q1 당신의 나라의 날씨는 어떤가요? 다른 나라와 어떻게 다른가요? 얼마나 덥고 추워지나요? 비는 얼마나 자주 오나요? 당신의 나라의 날씨에 대해 모두 말해주세요.

어떤 나라는 일년 내내 여름이거나 겨울이지만, 한국은 4개의 계절이 있습니다. 보통 12~2월까지는 춥고, 때때로 1미터가 넘는 눈이 쌓이기도 합니다. 3월이 되면 따뜻해지기 시작하지만, 그 달 중순에 갑자기 추워집니다. 한국 사람들은 이것을 꽃샘추위라고 부르는데, 겨울이 아름다운 봄 꽃들을 시샘한다는 뜻입니다. 꽃샘 추위가 끝나면 4월까지 황사를 상대해야 합니다. 황사는 낮은 습도와 중국 서부에서 부는 바람이 모래 보라를 일으켜 발생하는 현상입니다. 5월부터는 기온이 상승해 사람들이 반바지와 반팔을 입기 시작합니다. 7월 중순부터는 매우 습한 장마가 시작되어 한 달 동안 지속됩니다. 장마 기간 내내 비가 계속 내리거나 날씨가 후텁지근 합니다. 모두 장마 기간에는 날씨 때문에 짜증이 나서, 한국인들 모두 신경이 날카로워집니다. 마침내 장마가 끝나면 밤에는 추워지지만, 낮은 계속 따뜻합니다. 10월이 시작되면 단풍이 물들기 시작합니다. 11월에 모든 잎이 떨어지면 또 다시 매서운 겨울이 시작됩니다.

Q2 날씨 때문에 일어났던 기억에 남는 사건에 대해 듣고 싶습니다. 무슨 일이 있었고, 그 상황을 어떻게 해결했나요? 무엇 때문에 그 사건이 그렇게 특별했나요?

11살 때, 아주 생생하게 기억나는 날씨와 관련된 사건이 있었습니다. 친구들과 저는 학교를 마치고 집으로 걸어가고 있었습니다. 우리는 친한 사이여서 등하교를 함께 하곤 했습니다. 그 날은 평범한 날이었습니다. 하늘은 맑고, 기온은 온화했습니다. 하지만 집에 반쯤 왔을 때, 갑자기 우박이 떨어 지기 시작했습니다. 우박 한 알 한 알마다 탁구공 크기만 했고, 우박에 맞으니 아팠습니다. 처음에는 아파서 우박을 피하려고 했지만, 곧 우리들의 놀이가 시작되었습니다. 우리는 신이 나서 우박 사이를 뛰며 온 사방을 쿵쿵 뛰어다녔습니다. 얼마 후, 우박은 장대비로 변했습니다. 옷이 더러워 질 염려가 없어서 우리는 더 신이 났습니다. 우박 때문에 이미 옷이 반쯤 젖어있었으니까요. 우리는 완전한 자유를 느끼고 소리를 지르며 쿵쿵 뛰고 달렸습니다. 집에 도착할 무렵에는 옷이 흠뻑 젖어 있었고, 하늘은 다시 쾌청하게 맑았습니다. 부모님들은 우리를 보고 충격을 받으셨고, 어떤 친구들의 부모님은 왜 데리러 오라고 전화하지 않았느냐며 야단을 치셨습니다. 하지만 우리는 무척 즐거운 시간을 보냈습니다!

Q3 지난 몇 년 동안 날씨는 어떻게 변했나요? 기후 변화의 원인은 무엇이라고 생각하나요? 기후 변화가 사람들의 생활에 어떤 영향을 미쳤나요?

해가 갈수록 날씨는 점점 더 이상하고 혹독하게 변하고 있습니다. 예전에는 지구 온난화 같은 것을 아무도 걱정하지 않았습니다. 하지만 지금은 날씨가 항상 극과 극을 오가는 것 같습니다. 예를 들면, 여름은 예전보다 훨씬 더 더워진 것 같습니다. 기상학자들은 매년 여름 지난 세기의 최악의 무더위가 있을 거라고 이야기합니다. 여름마다 이런 예보가 반복되고 있으니, 여름은 점점 더 무더워지고 있는 것이 분명합니다. 반면, 겨울은 점점 더 혹독하게 추워지고 있습니다. 사람들은 겨울마다 비이상적으로 많은 강설량 때문에 고생을 합니다. 올해 한국에는 심한 폭설이 내려서, 어떤 사람들은 눈 속에 갇히기까지 했습니다. 심한 폭설도 문제였지만, 기온도 크게 떨어져 도시의 도로들이 꽁꽁 얼어붙었습니다. 한국은 이렇게 추운 겨울을 겪어보지 못했기 때문에, 사람들은 그 많은 눈과 얼음을 어떻게 대처해야 할지 몰랐습니다. 많은 거리와 도로가 미끄러워져 많은 보행자들이 다쳤고, 자동차 충돌 사고도 많이 일어났습니다. 구 세대 분들은 젊은 시절에는 날씨가 이렇지 않았다고 말씀합니다. 확실히 지금, 지구 전체는 기후 변화로 고통을 받고 있습니다.

Chapter

16 Banks

STEP 1 About the Topic

출제 유형 따라잡기

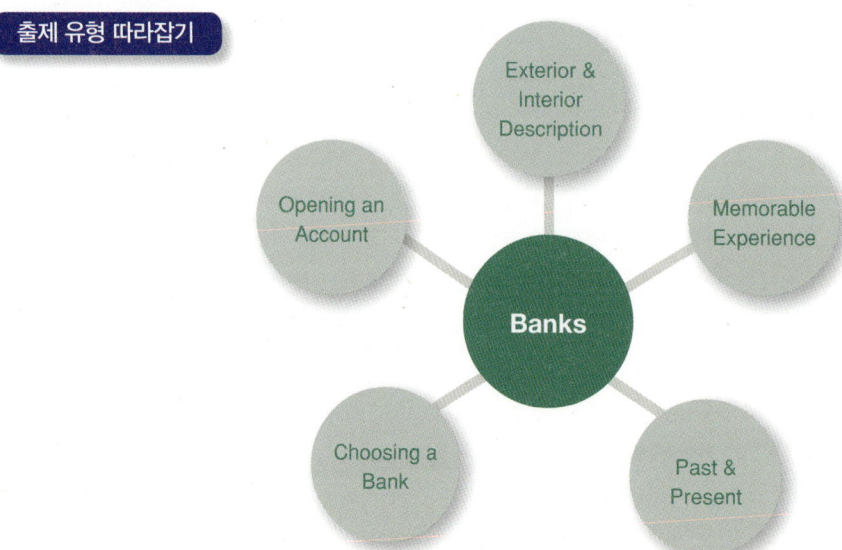

실전 문제 미리 보기

문제 난이도 ★

1. I'd like to know about banks in your country. What do they look like? What is in the bank? Describe in detail.
2. Let's talk about the bank you go to frequently. How is the bank set up? What do you see when you walk into the bank? Describe the place in detail.

문제 난이도 ★★

1. Let's talk about a memorable episode you've experienced at the bank. What happened? Why is it unforgettable? Explain in detail.
2. Now tell me about the process of opening a new bank account. Describe the whole procedure starting with when you first step into the bank.

문제 난이도 ★★★

1. Banks have changed over the years. How are banks different from what they looked like in the past? What kinds of changes are most evident? What kind of impact have those changes had on the customers? Give me all the details.
2. Which do you prefer: using an automated bank machine or visiting a bank teller in person? Give several reasons to support your opinion.

STEP 2　Build your Vocab

은행에서 볼 수 있는 것

- computer
- desk
- chair
- money
- bank window
- teller
- customer
- security guard
- ATM (Automated Teller Machine)
- vault/safe
- deposit slip

은행에 가서 하는 일

- open a bank account
- make a deposit
- earn interest on deposits
- withdraw money
- issue a check
- borrow money/take out a loan
- pay back the loan
- pay utility bills

은행 관련 용어

- bank book
- checking account
- PIN (personal identification number)
- debit card
- credit card
- telephone banking
- mobile banking
- online banking

STEP 3　Actual Combo Questions

Q1 Let's talk about the bank you go to frequently. How is the bank set up? What do you see when you walk into the bank? Describe the place in detail.

Brainstorming　자주 방문하는 은행에 대해 이야기 할 때 필요한 아이디어를 정리 해 보세요.

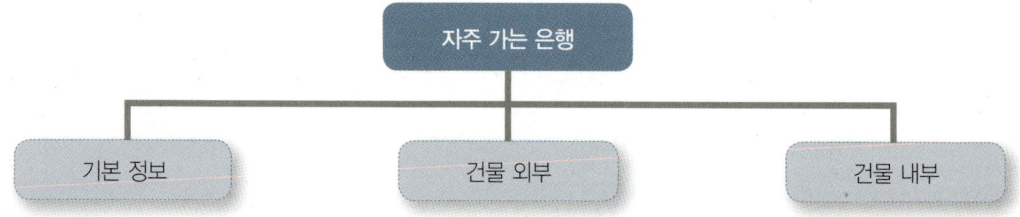

Key Words

1. 은행에 관한 기본 정보

① 자주 찾는 은행의 이름은?

② 은행의 위치는?

③ 은행을 상징하는 색깔이나 로고는?

2. 은행의 외부

① 단독 건물인지?

② 외관이 현대적인지 고전적인지?

③ 은행 주변 환경은 어떤지?

3. 은행의 내부

① 은행 안에서 볼 수 있는 사람들은?

② 은행 안에서 사용할 수 있는 시설은?

③ 은행 창구 앞에 있는 물건이나 시설은?

Model Answer Key Words를 이용해 구성한 답변을 확인 해 보세요.

1 The name of the bank that I often go is "**Hana Bank**", and I can **easily find a branch** from the street because I am very familiar with **its logo**. **2** My local branch is located on the second floor in a commercial building that has several other businesses such as a grocery store, an ice cream shop, and a restaurant. **3** When I walk in to the bank, the first thing I see is **a little machine that prints out tickets with waiting numbers**. As soon as I check the number on my ticket, I look up and check **the screen on the wall**. This screen indicates which waiting number the clerks are currently dealing with, enabling me to calculate how many people are ahead of me in the waiting line. This system is very convenient for me as I don't have to stand and wait in a line. Instead, I can simply read a magazine on **a couch in the lobby**, or watch the TV that the bank has set up for its customers.

Useful Vocab

- be familiar with~ ~에 친숙하다
- print out~ ~을 출력하다
- waiting line 대기 열
- commercial building 상업용 건물
- clerk 직원, 점원
- convenient 편리한
- grocery store 식품점
- ahead of~ ~의 앞에
- stand in a line 줄을 서다

My Answer 자신의 이야기를 답안으로 만들어 보세요.

Tip 답변 구성 전 Tip을 확인하세요!
- 자주 가는 은행에 대해 이야기
- 은행의 내부와 외부 묘사
- 은행의 구조를 그림 그리듯 설명

Q2 Now tell me about the process of opening a new bank account. Describe the whole procedure starting with when you first step into the bank.

Brainstorming 계좌 개설 절차에 대해 이야기 할 때 필요한 아이디어를 정리 해 보세요.

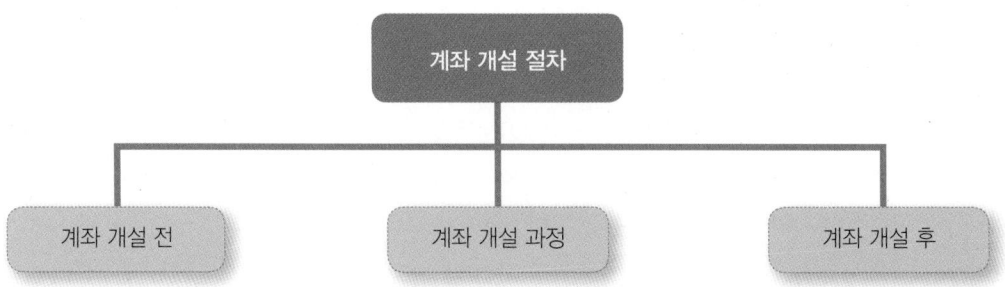

Key Words

1 계좌 개설 전
① 계좌 개설에 필요한 서류는?
② 신분증이 없을 때 대체 서류는?

2 계좌 개설 과정
① 계좌를 새로 계설하는데 필요한 신청서는?
② 그외 은행에 제공하는 정보가 있는지?
③ 서류의 정보를 누구에게 제공해야 하는지?
④ 온라인 뱅킹을 사용하기 원할 시 어떻게 해야 하는지?

3 계좌 개설 후
① 온라인 뱅킹 사용법은?
② 스마트폰으로 은행업무를 볼 수 있는지?

Model Answer
Key Words를 이용해 구성한 답변을 확인 해 보세요.

1 To open a new bank account, there are several things that you must bring to the bank. First of all, you need to **have a valid ID**. You can use your passport, driver's license, or social security card. If you do not have any of these, you need a government issued document to verify your personal information. **2** Once you have one of these IDs, now it's time to **fill out a form** requesting to open a new account. In this process, you have to make sure that you are giving the bank the correct information, so you should double check all the information that you have written. The third thing you need to do is to **bring both your valid ID and the request form to the teller** in the bank. When the teller receives your form, he or she will **type in the information into the computer** and will ask you to **sign your name on the bankbook**. The clerk will also ask you if you wish to use online banking as well. **3** If you want to, you can just simply say yes and **set up a PIN for online banking**. Now you are all set!

Useful Vocab

- open a bank account 은행 계좌를 개설하다
- verify 확인하다, 입증하다
- request~ ~을 요청하다
- request form 신청서
- set up~ ~을 세우다, 설정하다
- government issued 정부 발행의
- fill out a form 양식을 작성하다
- double check~ ~을 재확인하다
- type in~ ~을 입력하다
- PIN 비밀번호

My Answer
자신의 이야기를 답안으로 만들어 보세요.

Tip 답변 구성 전 Tip을 확인하세요!
- 계좌를 개설할 때의 과정을 설명
- 계좌 개설을 하기 전과, 과정, 이후를 구분해서 설명하면 논리적
- 계좌 개설에 필요한 서류나 유의사항을 포함할 것

Q3 Banks have changed over the years. How are banks different from what they looked like in the past? What kinds of changes are most evident? What kind of impact have those changes had on the customers? Give me all the details.

Brainstorming 은행의 변화에 대해 이야기 할 때 필요한 아이디어를 정리 해 보세요.

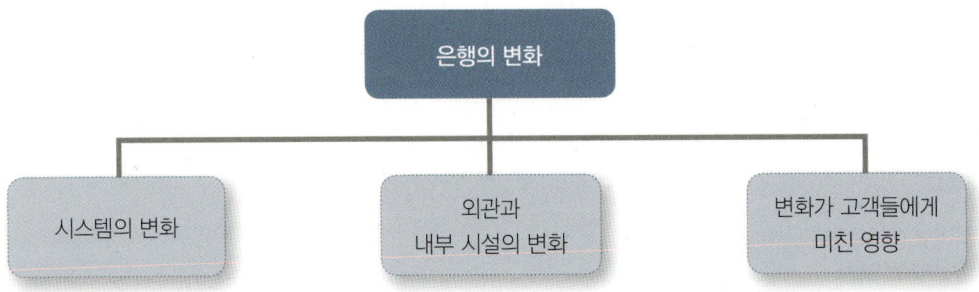

Key Words

1 시스템의 변화
① 은행이 많은 변화를 보인 분야는?
② 은행이 변화한 이유는?
③ 그 결과는 어떻게 은행업무에 영향을 주었는지?

2 외관과 내부 시설의 변화
① 은행 건물의 외관은 어떻게 달라졌는지?
② 과거에는 없던 은행 내부 시설은?
③ 은행 직원들의 복장은?

3 변화가 고객들에게 미친 영향
① 기술의 발전이 은행 시스템에 미친 영향은?
② 기술의 발전으로 고객들이 은행 업무가 더 편리해졌는지?
③ 현재 은행 서비스에 대한 고객들의 평가는?

Model Answer
Key Words를 이용해 구성한 답변을 확인 해 보세요.

1 The most evident change that banks have undergone is **how kind the staffs and clerks are in the bank.** In the past, before Korea was hit by the economic crisis in 1997, people in the service industry didn't feel the need to be nice to others, because it didn't affect their salary. However, after Korean banks went through painful downsizing resulting from the crisis, a lot of bank tellers were fired. The ones who survived were evaluated based on how well they treated their customers. As a result, the clerks at the banks suddenly became all nice. **2** Another big change involved how banks treat their customers in general. **Their lobbies became fancier and more luxurious** to attract more customers with more cash. This is also due to the economic crisis in 1997. Back then, banks did not have much cash. They learned how important it was to have as much cash as possible, so now they decorate their lobbies with costly furniture and pictures, so that rich clients can come in and feel like they want to keep money in their banks. **3** Now that the banks have completely changed in their customer service, **many people feel very respected**.

Useful Vocab

- undergo~ ~을 겪다
- go through~ ~을 겪다
- fire 해고하다
- fancy 화려한

- economic crisis 경제 위기
- downsize 축소하다, 줄이다
- evaluate~ ~을 평가하다
- costly 많은 비용이 드는

- affect~ ~에 영향을 주다
- resulting from~ ~로 인한
- based on~ ~을 바탕으로
- respected 존중 받는

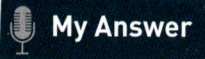 **My Answer** 자신의 이야기를 답안으로 만들어 보세요.

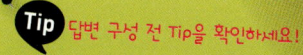 **Tip** 답변 구성 전 Tip을 확인하세요!
- 과거와 현재의 은행 시스템의 변화
- 스마트폰의 보급 등 기술의 발달로 인한 은행 서비스 변화
- 은행이 변화함에 따라 고객들이 느끼는 편리성
- 자신의 경험을 바탕으로 이야기 하면 좋음

16
Chapter Review — Banks

음원을 들으며 해석을 보고 이번 Chapter 내용을 복습해 보세요.

Q1 당신이 자주 가는 은행에 대해 이야기해봅시다. 은행은 어떻게 지어져 있나요? 은행 내부로 들어가면 무엇이 보이나요? 은행에 대해 자세히 설명해주세요.

제가 자주 가는 은행 이름은 '하나은행' 이고, 은행 로그가 친숙하기 때문에 거리에서 쉽게 지점을 찾을 수 있습니다. 제가 자주 가는 지점은 슈퍼마켓, 아이스크림 가게, 식당 등이 입점해 있는 상가 건물의 2층에 있습니다. 은행 안으로 들어가면, 가장 먼저 보이는 것은 번호표를 발행하는 작은 기계입니다. 저는 표에 적힌 번호를 확인한 후 고개를 들어 벽에 붙어 있는 화면을 봅니다. 이 화면에 는 은행원들이 현재 대응하고 있는 손님의 번호가 나타나기 때문에, 제 앞에 몇 명이 대기하고 있는지 계산할 수 있습니다. 줄을 서서 기다리지 않아도 되기 때문에 이 시스템은 편리한 것 같습니다. 저는 줄을 서는 대신, 로비의 소파에 앉아 잡지를 보거나, 은행에서 고객들을 위해 설치해 놓은 TV를 볼 수 있습니다.

Q2 이제, 은행 계좌를 새로 개설하는 절차에 대해 이야기해주세요. 은행에 처음 들어갔을 때부터 시작해 모든 절차를 설명해주세요.

은행 계좌를 새로 개설하려면 은행에 몇 가지를 가지고 가야 합니다. 먼저, 유효한 신분증이 필요합니다. 여권, 운전면허증, 주민등록증을 사용할 수 있습니다. 이런 신분증이 없는 경우, 개인 정보를 확인할 수 있는 정부 발행 문서를 가져가야 합니다. 신분증을 준비했다면, 신규 계좌 개설 신청서를 작성해야 합니다. 이 과정에서는 정보를 정확하게 기재해야 해야 하기 때문에 기재한 내용을 다시 한 번 확인해야 합니다. 세 번째로 할 일은, 창구 직원에게 신분증과 신청서를 가져가는 일입니다. 창구 직원은 신청서를 받고 나서 컴퓨터에 정보를 입력하고, 통장에 서명할 것을 요청할 것입니다. 창구 직원은 인터넷뱅킹을 사용할 것인지도 물을 것입니다. 원하면 그렇다고 말하고 인터넷뱅킹 비밀번호를 설정할 수 있습니다. 이제 모든 절차가 끝났습니다!

> **Q3** 지난 몇 년 동안 은행은 변했습니다. 지금 은행은 과거의 모습과는 어떻게 다른가요? 가장 눈에 띄는 변화는 무엇인가요? 이러한 변화는 고객들에게 어떤 영향을 끼쳤나요? 자세히 설명해주세요.

가장 눈에 띄는 은행의 변화는 직원들의 친절도입니다. 과거 1997년, 한국에 금융 위기가 불어 닥치기 전에는 서비스업 종사자들이 사람들을 친절하게 대할 필요성을 느끼지 못했습니다. 친절하다고 월급이 달라지는 건 아니니까요. 하지만 금융 위기로 은행들은 구조조정이라는 뼈아픈 경험을 했고, 그 바람에 은행원들도 많이 해고되었습니다. 구조조정에서 살아남은 은행원들은 고객에 대한 친절도를 바탕으로 평가를 받았습니다. 그 결과, 은행원들이 갑자기 친절해졌습니다. 또 하나의 커다란 변화는 은행의 전반적인 고객 대응 방식입니다. 은행 로비는 현금을 많이 가진 고객을 유치하기 위해 더 화려하고 고급스러워졌습니다. 이것 역시 1997년 경제 위기로 인한 것입니다. 당시 은행들은 현금을 많이 보유하고 있지 않았습니다. 은행들은 가능한 한 많은 현금을 보유하는 것이 얼마나 중요한지 알게 되었고, 지금은 부자들이 은행에 와서 돈을 맡기고 싶은 마음이 들도록 값비싼 가구와 그림으로 로비를 장식하고 있습니다. 은행들의 고객 서비스 방식이 완전히 변했기 때문에, 많은 사람들은 자신이 매우 존중 받고 있다고 느낍니다.

Chapter 17
Geographic Features

STEP 1 — About the Topic

출제 유형 따라잡기

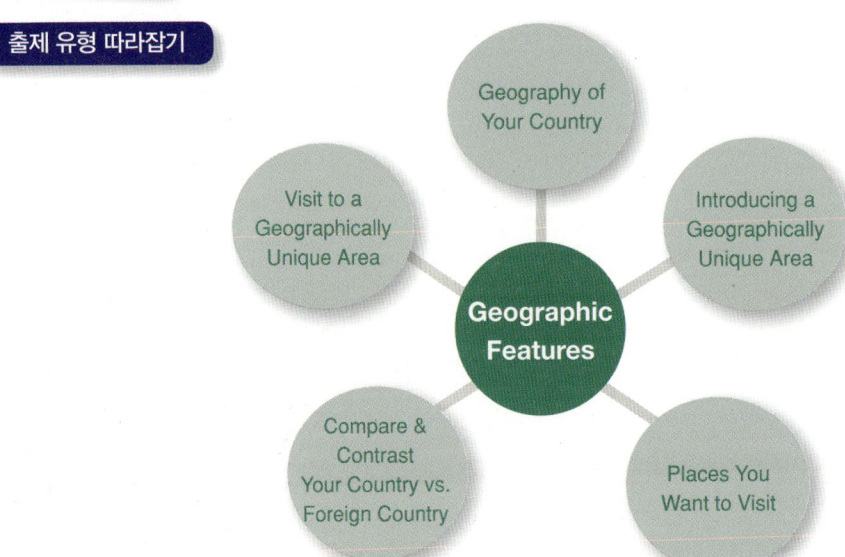

실전 문제 미리 보기

문제 난이도 ★

1. Could you tell me about the geographical features of your country? Are there many mountains or beaches? Please explain in as much detail as you can.

2. Let's talk about your favorite place to visit in your country. Why do you like that place? What can you enjoy there? Tell me all the details.

문제 난이도 ★★

1. Have you ever been to a geographically unique area in your country? Where was it? What did the place look like? What did you see there? Please tell me in as much detail as possible.

2. Please tell me about one of the experiences when you traveled in your childhood. When was it? Where did you travel at that time? Who did you go with? What activities did you do while traveling? Tell me all the details.

문제 난이도 ★★★

1. You might have been to many places abroad. Where did you visit last time? Could you explain the geographical features of the place? What is different from your country? I would like you to explain in as much detail as possible.

2. Which do you prefer, going to the mountain or going to the beach? Why is it better? Explain your reasons in detail.

STEP 2 Build your Vocab

방향과 위치
- north – northern
- south – southern
- east – eastern
- west – western

세계의 대륙과 대양

[six continents]
- the Africa Continent
- the Antarctica Continent
- the Australia Continent
- the Eurasia Continent
- the North America Continent
- the South America Continent

[five oceans]
- the Arctic Ocean
- the Atlantic Ocean
- the Indian Ocean
- the Pacific Ocean
- the Southern Ocean

다양한 유형의 지역
- tropical region
- equator region
- polar region
- coastal area
- inland area
- glacier foreland
- tropical rainforest
- desert
- tundra area
- mountainous area

여러 가지 지형
- river
- sea
- mountain
- mountain range
- plain
- grassland
- volcanic island
- basin
- valley
- canyon
- marsh
- mud flat

STEP 3 Actual Combo Questions

Q1 Could you tell me about the geographical features of your country? Are there many mountains or beaches? Please explain about it in as much detail as you can.

Brainstorming 우리나라의 지형에 대해 이야기 할 때 필요한 아이디어를 정리 해 보세요.

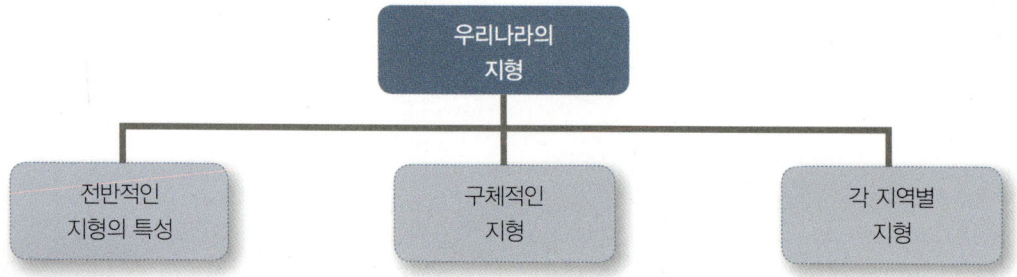

Key Words

1 전반적인 지형의 특성
① 우리나라는 내륙국가인가 해안국가인지?
② 우리나라 지형은 어떤 모양인지?
③ 우리나라만의 특수한 지형적 특성은?

2 구체적인 지형
① 산과 평지의 비율은?
② 강과 바다의 분포는?
③ 기타 섬이나 분지 등의 분포는?

3 각 지역별 지형의 특성
① 동쪽과 서쪽의 지형은 어떻게 다른지?
② 남쪽과 북쪽의 지형은 어떻게 다른지?
③ 특별히 좋아하는 지형이 있다면?

Model Answer Key Words를 이용해 구성한 답변을 확인 해 보세요.

1 The landscape of Korea is **simply amazing**. **2** There are **many mountains, rivers, and beaches** that look stunning all year round. There are even places that have mountains and rivers side by side. **3** However, out of all the places in Korea, I like Seorak mountain the most. I used to go to Seorak mountain quite often when I was a child. I remember hiking up the mountain with my father every spring. I miss those days. **The view from the summit was beautiful** as I could see the parks below and the blue ocean dancing in the background. There is no other place like it.

Useful Vocab

- feature 특징
- all year round 일년 내내
- summit 정상
- simply 그야말로
- side by side 나란히
- background 배경
- stunning 굉장히 아름다운
- out of~ ~ 중에서

My Answer 자신의 이야기를 답안으로 만들어 보세요.

 Tip 답변 구성 전 Tip을 확인하세요!
- 우리나라의 전반적인 지형의 특성에 대해 서술
- 구체적으로 산, 평야, 바다, 강의 비율에 대해 서술
- 각 지역별로 지형을 구분하거나 특히 좋아하는 지형에 대해 추가 설명

Q2 Have you ever been to a geographically unique area in your country? Where was it? What did the place look like? What did you see there? Please tell me in as much detail as possible.

Brainstorming 지형이 특이한 국내 지역을 방문한 경험에 대해 이야기 할 때 필요한 아이디어를 정리 해 보세요.

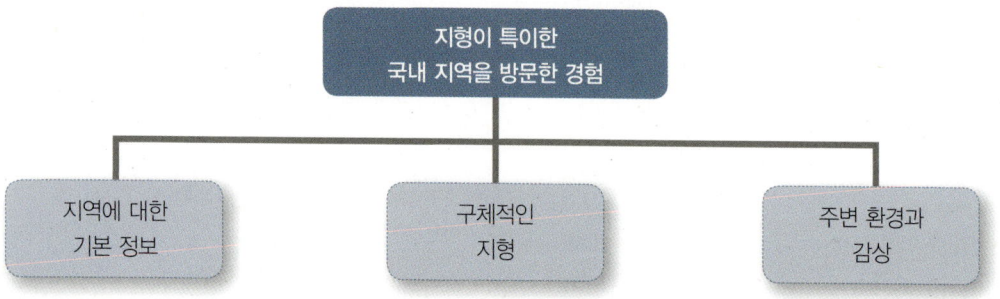

Key Words

1 지역에 대한 기본 정보

① 방문했던 지역의 이름은?

② 그 지역의 위치는?

③ 그 지역은 무엇으로 잘 알려져 있는지?

2 구체적인 지형

① 지형은 전체적으로 어떤 모양인지?

② 특이한 지형이 형성된 원인은?

③ 지형의 변화가 아직도 계속되고 있는지?

3 주변 환경과 감상

① 그 지역의 주변 환경은 어떤지?

② 주변에 많이 분포된 동물이나 식물은 무엇인지?

③ 그 지역을 방문한 감상이나 소감은?

Model Answer
Key Words를 이용해 구성한 답변을 확인 해 보세요.

1 Jeju Island is a geographically unique area. The island is **located south of the southern coast of the Korean Peninsula**. It is **the largest island and the smallest province in Korea**. **2** Jeju Island is unique because it is a **volcanic island**. It is very beautiful and is often called **the "Hawaii" of Korea**. The island has also been listed as a UNESCO World Heritage Site. **3** A central feature of the island is **Halla mountain**. It is the tallest mountain in South Korea and is actually a dormant volcano. You can also see many **subtropical forests** on the island. This is why Jeju Island is one of the most popular travel destinations in the world.

Useful Vocab

- unique 독특한
- UNESCO World Heritage Site 유네스코 세계문화유산 보호지역
- the Korean Peninsula 한반도
- dormant volcano 휴화산
- destination 목적지
- volcanic 화산의
- subtropical 아열대의

My Answer
자신의 이야기를 답안으로 만들어 보세요.

Tip 답변 구성 전 Tip을 확인하세요!
- 방문했던 국내 여러 지역 중 지형이 특이한 곳을 선택
- 위치 등 기본적인 정보를 제공하고 지형에 대해 구체적으로 서술
- 지형에 대한 느낌이나 방문 소감을 덧붙이며 마무리

Q3 You might have been to many places abroad. Where did you visit last time? Could you explain the geographical features of the place? What is different from your country? I would like you to explain in as much detail as possible.

Brainstorming 마지막으로 방문한 해외 지역의 지형에 대해 이야기 할 때 필요한 아이디어를 정리 해 보세요.

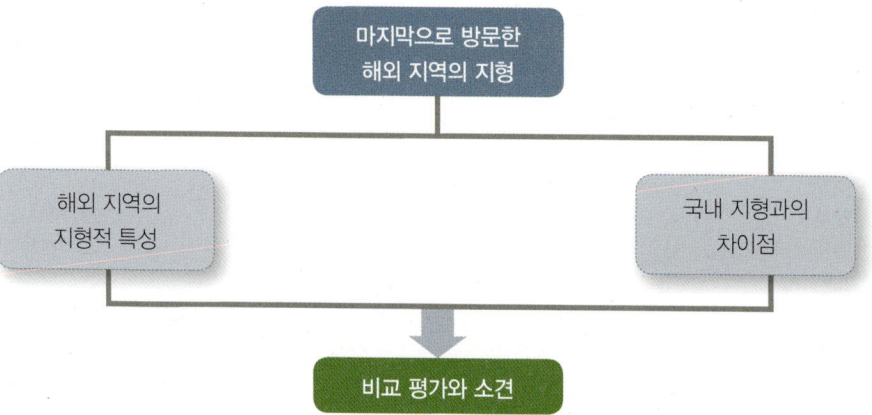

Key Words

1 해외 지역의 지형적 특성	① 마지막으로 방문한 해외 지역과 방문 시기는? ② 그곳의 전체적인 지형은 어땠는지? ③ 지형적으로 특이한 점은 없었는지?
2 해외와 국내의 지형 비교	① 무엇 때문에 우리나라의 지형과 달랐는지? ② 우리나라에서 볼 수 없는 자연 환경은 무엇이었는지? ③ 주변의 동식물 분포는 어땠는지?
3 비교 평가와 소견	① 기술의 발전이 은행 시스템에 미친 영향은? ② 그곳과 국내의 지형 중 무엇이 더 좋은지?

Model Answer Key Words를 이용해 구성한 답변을 확인 해 보세요.

1 I don't really travel abroad much, but last winter I went to **Australia**. Even though Australia is surrounded by oceans, it is a very **dry country**. Most of central Australia is a **huge desert**, so there was not much to see except for a big rock. **2** It was very different from the geographical features in Korea as there are **hardly any deserts in Korea**. However, one feature that was better than Korea was the **beach**. The beach I went to was covered in white sand and the color of the ocean was like a sapphire. The ocean floor was covered with beautiful coral reefs. **3** It **was like an underwater paradise**.

Useful Vocab

- surrounded 둘러싸인
- ocean floor 대양저
- desert 사막
- coral reef 산호초
- except for~ ~을 제외하고
- underwater 수중의

 **My Answer** 자신의 이야기를 답안으로 만들어 보세요.

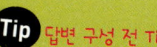 **Tip** 답변 구성 전 Tip을 확인하세요!

- 마지막으로 방문했던 해외 지역의 지형 묘사
- 해외와 국내의 지형을 비교하는 것이 포인트
- 비교 평가한 내용 또는 소견을 밝히며 마무리

17

Chapter Review Geographic Features

음원을 들으며 해석을 보고 이번 Chapter 내용을 복습해 보세요.

Q1 당신의 나라의 지형적 특징에 대해 이야기해주시겠어요? 산이나 해변이 많은가요? 가능한 한 자세히 설명해주세요.

한국의 풍경은 그야말로 굉장합니다. 1년 내내 놀랍도록 아름다운 모습을 간직한 산과 강과 해변이 많습니다. 심지어 산과 강이 나란히 위치한 곳들도 있습니다. 하지만 한국의 모든 곳들 중에서 저는 설악산을 가장 좋아합니다. 어렸을 때는 설악산에 자주 갔습니다. 매년 봄 아버지와 함께 설악산을 등반했던 기억이 납니다. 그때가 그리워집니다. 산 정상에서 내려다 보니 아래로는 공원이 펼쳐졌고 뒤로는 푸른 바다가 넘실거렸는데 그 경관이 아름다웠습니다. 그런 곳은 설악산 말고는 없는 것 같습니다.

Q2 당신의 나라에서 지형이 독특한 지역에 가본 적이 있나요? 어디였나요? 그 곳은 어떻게 생겼던가요? 그곳에서 어떤 것을 보았나요? 가능한 한 자세히 이야기해주세요.

제주도는 지형적으로 독특한 지역입니다. 이 섬은 한반도의 남해안 아래에 있습니다. 제주도는 한국의 가장 큰 섬이자 가장 작은 도입니다. 제주도는 화산섬이기 때문에 독특합니다. 경치가 매우 아름다워서 종종 '한국의 하와이' 라고 불리기도 합니다. 제주도는 유네스코 세계문화유산으로도 등재되어 있습니다. 이 섬의 한 가지 주요 볼거리는 한라산입니다. 한라산은 한국에서 가장 높은 산인데, 실제로는 휴화산입니다. 제주도에서는 아열대 숲도 많이 볼 수 있습니다. 이 때문에 제주도는 세계에서 가장 인기 있는 여행지 중 하나입니다.

Q3 외국의 많은 곳에 가보셨을 텐데요. 마지막으로 방문한 곳은 어디인가요? 그곳의 지형적 특징에 대해 설명해주시겠어요? 당신의 나라와 다른 점은 무엇인가요? 가능한 한 자세히 설명해주세요.

저는 외국을 많이 여행하지는 않지만 작년 겨울에는 호주에 갔습니다. 호주는 바다로 둘러싸여 있지만 매우 건조한 나라입니다. 호주 중부 대부분 지역은 거대한 사막이라 커다란 바위 말고는 볼거리가 별로 없습니다. 한국에는 사막이 거의 없기 때문에 이것은 한국의 지형적 특징과 다른 점입니다. 하지만 한국보다 좋은 점은 해변이었습니다. 제가 갔던 해변은 백사장이 깔려 있었고 바다는 청옥빛이었습니다. 바다 밑에 아름다운 산호초가 가득했습니다. 마치 수중 천국 같았습니다.

Chapter 18 > Meeting Arrangement

STEP 1 — About the Topic

출제 유형 따라잡기

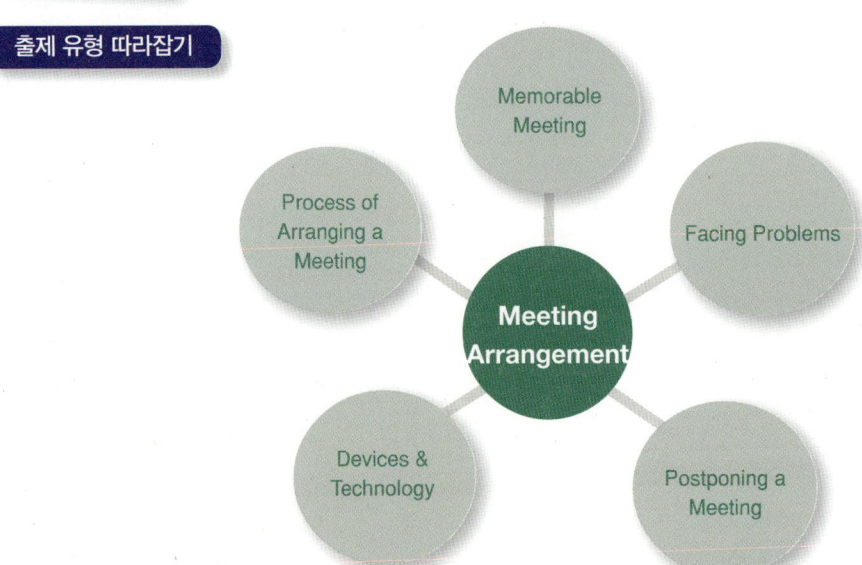

- Memorable Meeting
- Facing Problems
- Postponing a Meeting
- Devices & Technology
- Process of Arranging a Meeting
- Meeting Arrangement

실전 문제 미리 보기

문제 난이도 ★

1. What kinds of meetings do you arrange? How often do you arrange them? Where do you have meetings and what do you do to prepare? Describe in detail.

2. Tell me about the devices you use in meetings. Why do you need them? How do you use them? Explain in detail.

문제 난이도 ★★

1. You may have arranged a meeting with your colleagues. Describe the process you arrange the meeting. What do you do first? Please tell me the whole process in detail.

2. Please tell me about the most memorable meeting that you've ever arranged. What made it so memorable? What happened?

문제 난이도 ★★★

1. Thanks to the development of technology, we now have several options to arrange meetings or appointments. How has it changed over years? What is the biggest change? Please tell me about it in as much detail as possible.

2. Tell me about one particular incident that made you late for a meeting. It could have been the weather, traffic or some other circumstances. Describe what the problem was and how things turned out in the end.

STEP 2 — Build your Vocab

회의의 종류
- meeting
- seminar
- conference
- conference call
- symposium
- convention
- workshop

회의 관련 용어
- host
- attendee
- speaker/presenter
- audience
- minutes
- agenda
- top priority
- refreshment

회의 관련 장비
- whiteboard
- whiteboard marker
- screen
- photocopier
- computer
- mouse
- microphone
- DVD player
- flip chart
- OHP (overhead projector)
- slide projector
- projection stand

회의 일정 잡기와 회의 절차
- host a meeting
- arrange a meeting
- create an agenda
- fix a meeting date and time
- send out an invitation
- send out a reminder email
- book a meeting room
- set up tables
- check equipment
- attend a meeting
- make a presentation
- give handouts
- discuss the main agenda

STEP 3 Actual Combo Questions

Q1 You may have arranged a meeting with your colleagues. Describe the process you arrange the meeting. What do you do first? Please tell me the whole process in detail.

Brainstorming 회의 일정을 잡을 때 필요한 아이디어를 정리 해 보세요.

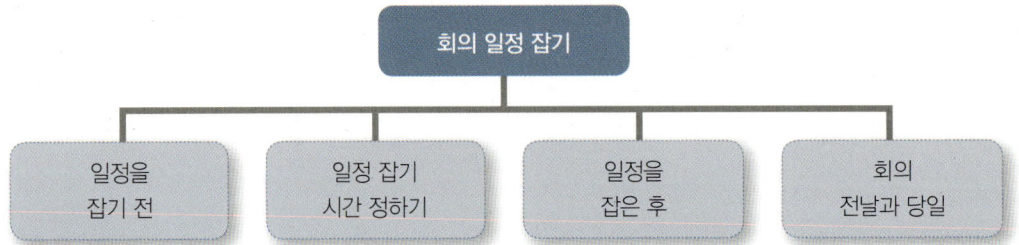

Key Words

1 일정을 잡기 전
① 주관하는 회의의 종류는?
② 회의에 참석할 인원은?
③ 회의에 필요한 시설과 기기는?

2 일정 잡기 시간 정하기
① 회의 날짜는 언제가 좋을지?
② 회의를 하기에 적합한 장소는?

3 일정을 잡은 후
① 회의실은 사전에 예약해야 하는지?
② 참석자들에게 어떻게 회의 일정을 알릴지?

4 회의 전날과 당일
① 참석자들에게 나누어줄 자료가 준비되었는지?
② 회의실에 탁자와 의자가 배열되어 있는지?
③ 회의 때 사용할 기기가 제대로 작동하는지?

Model Answer   Key Words를 이용해 구성한 답변을 확인 해 보세요.

1 The first thing that I do when I arrange a meeting is to book a meeting room. Since there are four different meeting rooms in my office, I have to predict **how many attendees I will be inviting**, and what kind of facilities I will need. For example, I will have to book a big room with a projector if the meeting is for more than 10 people. I also have to consider **how long the meeting is going to be**, because if the meeting lasts longer than an hour or so, I will have to have enough space to set up a small table for refreshments. **2** As soon as I have finished **booking the meeting room**, I **ask the attendees for RSVP**. **3** From my experience, people rarely respond to emails or postal mail, so I have to call people to confirm after sending out the email invitation. **4** Two days prior to the actual meeting, I **send out a reminder email** to make sure everybody comes to the meeting on time. Then I **print out and prepare the necessary handouts**, and on the day of the meeting, I **set up the tables, refreshments, and equipment** in the meeting room. This is how I prepare a meeting.

Useful Vocab

- arrange a meeting 회의를 정하다
- attendee 참석자
- set up~ ~을 설치하다, 세우다
- book~ ~을 예약하다
- facility 시설
- refreshment 다과
- predict 예상하다
- last 지속되다
- on time 제 시간에

My Answer   자신의 이야기를 답안으로 만들어 보세요.

Tip 답변 구성 전 Tip을 확인하세요!
- 회의 일정을 잡을 때의 과정 묘사
- 회사에서의 상황에 따른 회의 종류나 경험 이야기
- 회의 전후에 할 일로 나누어서 순서대로 설명

Q2 Please tell me about the most memorable meeting that you've ever arranged. What made it so memorable? What happened?

Brainstorming 본인이 주관했던 기억에 남는 회의에 대해 이야기 할 때 필요한 아이디어를 정리 해 보세요.

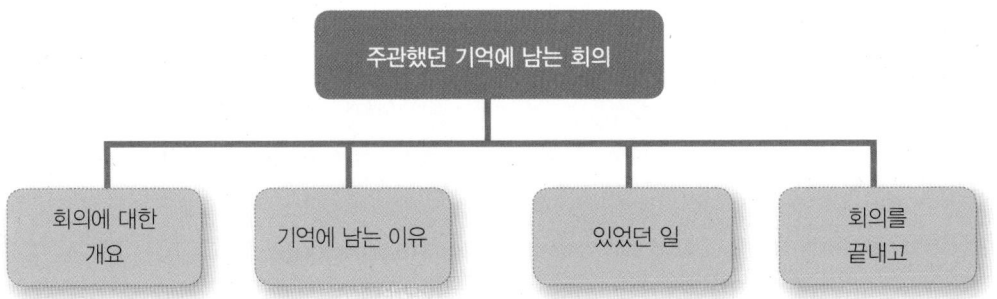

Key Words

1 회의에 대한 개요	① 언제 일어난 일인지? ② 내부 회의였는지, 외부 회의였는지?
2 기억에 남는 이유	① 좋은 기억이었는지, 나쁜 기억이었는지? ② 자신이 주관했던 회의였는지?
3 회의 중에 있었던 일	① 일이 발생한 원인은 무엇이었는지? ② 어떤 일들이 있었는지? ③ 일이 잘 마무리되었는지?
4 회의를 끝내고	① 회의 참석자들의 반응은 어땠는지? ② 회의에 대한 느낌이나 앞으로의 각오는?

Model Answer
Key Words를 이용해 구성한 답변을 확인 해 보세요.

1 The most memorable meeting I arranged was two years ago. To tell you the truth, this meeting was memorable not because it was good, but because **2** it turned out to be a disaster. It was actually the first meeting I arranged as a team leader. **3** I remember booking a meeting room for twenty attendees. On the meeting day, however, thirty five people showed up so people had to squeeze into the room. Everybody was annoyed because the room got stuffy in a hurry. Then, when the presenter was about to give his presentation, the projector broke down and would not turn back on. Everyone had to rely on their handouts, ruining the whole presentation. I also prepared a small table with coffee and some cookies in the corner of the room, but because the room was packed with so many people, one of the attendees tripped over the coffee machine. The floor instantly became a total mess with coffee and cookie crumbs. To make matters worse, one of the attendees was burned by the hot coffee. We had to stop the meeting there and take the attendee to the hospital. **4** I hate even thinking about how horrible of a day that was.

Useful Vocab

- **to tell the truth** 솔직히 말하면
- **show up** 나타나다
- **stuffy** 답답한
- **to make matters worse** 설상가상으로
- **turn out~** ~로 판명 되다
- **squeeze** 억지로 밀어 넣다
- **break down** 고장 나다
- **burn** 화상을 입히다
- **disaster** 재앙
- **annoyed** 짜증난
- **turn on** 켜지다

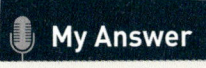 자신의 이야기를 답안으로 만들어 보세요.

 답변 구성 전 Tip을 확인하세요!
- 자신이 주관했던 회의 중 기억에 남는 경험
- 기억에 남는 이유
- 그 때의 상황을 구체적으로 묘사
- 개인적인 느낌이나 각오가 포함되어도 좋음

Q3 Thanks to the technology development, we now have several options to arrange meetings or appointments. How has it changed over years? What is the biggest change? Please tell me about it in as much detail as possible.

Brainstorming 기술의 발전으로 인한 회의 일정을 잡는 방법과 변화에 대해 이야기 할 때 필요한 아이디어를 정리 해 보세요.

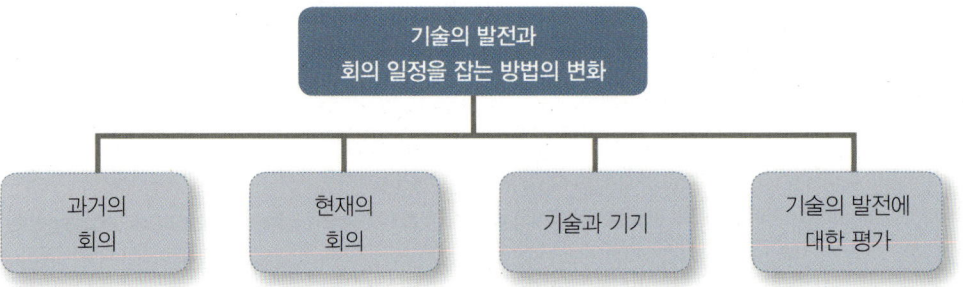

Key Words

1 과거의 회의
① 과거의 주된 회의 방식은?

② 과거에 회의 일정을 잡을 때 주로 사용하던 기기는?

2 현재의 회의
① 현재 할 수 있는 회의 방식은?

② 회의 참석자들에게 어떤 방법으로 연락을 취하는지?

3 기기와 기술
① 현재 회의 일정을 잡을 때 주로 사용하는 기기나 기술은?

② 현재 회의 중에 주로 사용하는 기기나 기술은?

③ 회의에 대한 정보나 회의 자료를 얻을 때 사용하는 기기나 기술은?

4 기술의 발전에 대한 평가
① 기술이 발전함에 따라 회의 일정을 잡는 것이 편리해졌는지?

② 기술의 발전이 나에게 미친 영향은 무엇인지?

Model Answer

Key Words를 이용해 구성한 답변을 확인 해 보세요.

1 Technology has definitely contributed to major changes in how meetings happen. The biggest change is that we no longer can excuse ourselves from global meetings. In the past, we **did not have as many conference calls as we do now**. It wasn't as efficient to have conference calls as it is today. The early equipment was quite immature, so the connection was not very clear. Hearing the other side breaking up was extremely annoying for both parties, so we **used to discuss matters through email or online chats**. **2** However, now that the hardware has improved, we all have to sit down in one meeting room and have conference calls with the people in the other side of the world. The number of conference calls that we have these days nearly has doubled from just 5 years ago! Another change is that **people have become more impatient**. Due to technology, people now expect us to do work faster. They also expect meeting planners to go over the conference materials at home, or even on their commute. **3** This is actually possible thanks to **smart phones and other mobile devices**. **4** I feel like **there is no place I cannot work at**.

Useful Vocab

- **definitely** 확실히
- **excuse from~** ~에서 면제하다
- **equipment** 장비
- **double** 두 배가 되다
- **contribute to~** ~에 기여하다
- **global** 국제의
- **immature** 미숙한
- **impatient** 참을성이 없는
- **major** 주요한
- **efficient** 효율적인
- **break up** 끊기다
- **commute** 통근

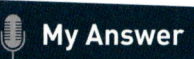 자신의 이야기를 답안으로 만들어 보세요.

 답변 구성 전 Tip을 확인하세요!
- 기술 발달로 회의 일정 잡는 방법의 변화
- 변화된 것이 무엇인지 정확히 이야기
- 변화로 인해 삶이 바뀐 것이 있다면 예시

18

Chapter Review — Meeting Arrangement

음원을 들으며 해석을 보고 이번 Chapter 내용을 복습해 보세요.

Q1 당신은 동료들과의 회의를 잡은 경험이 있을 겁니다. 회의를 잡는 과정을 설명해주세요. 처음에 무엇을 하나요? 전 과정을 자세히 이야기해주세요.

저는 회의를 잡을 때 먼저 회의 장소를 예약합니다. 사무실에는 회의실이 4개 있기 때문에 몇 명이 회의에 참석할지, 어떤 종류의 기기가 필요한지 미리 예상해야 합니다. 예를 들어, 참석자가 10명 이상이면 프로젝터가 있는 대회의실을 예약해야 합니다. 회의가 얼마나 길어질지도 예상해야 합니다. 만일 회의가 한 시간 이상 지속되면 작은 다과 탁자를 놓을 수 있는 공간이 필요하기 때문입니다. 회의실을 예약하고 나면 참석자들에게 답신 요청을 해야 합니다. 제 경험상, 이메일이나 우편으로 답신하는 사람은 거의 없기 때문에 이메일로 초청글을 보내고 나서, 전화를 걸어 확인해야 합니다. 회의 이틀 전에는, 모두 제 시간에 참석할 수 있도록 상기 메일을 보냅니다. 그 다음엔 유인물을 출력해서 준비해둡니다. 그리고 회의 당일에는, 회의실에 탁자와 장비를 설치하고, 간식을 준비합니다. 이것이 제가 회의를 준비하는 방법입니다.

Q2 당신이 주관했던 가장 기억에 남는 회의에 대해 이야기해주세요. 왜 그렇게 기억에 남나요? 무슨 일이 있었나요?

2년 전에 가장 기억에 남는 회의가 있었습니다. 솔직히 말하면, 이 회의가 기억에 남는 이유는 좋았기 때문이 아니라 참사로 끝나 버렸기 때문입니다. 그 회의는 팀장으로서 제가 처음으로 주관했던 회의였습니다. 20명의 참석자들을 수용할 만한 회의실을 예약했던 것으로 기억합니다. 하지만 회의 당일에 35명이 나타나서 사람들이 회의실에 끼어 앉아야 했습니다. 순식간에 회의실에 답답해져서 사람들은 모두 짜증을 냈습니다. 그 다음, 발표자가 발표를 하려고 하는데 프로젝터가 고장이 나서 다시 켜지지가 않았습니다. 사람들이 유인물에만 의존할 수 밖에 없는 상황이어서, 발표는 엉망이 되었습니다. 저는 회의 전에, 회의실 구석에 탁자를 놓고 그 위에 커피와 과자를 올려두었는데, 회의실이 꽉 차는 바람에 참석자 중 한 명이 커피 기계를 넘어뜨렸습니다. 회의실 바닥은 순식간에 커피와 과자부스러기로 엉망이 되었습니다. 설상가상으로, 참석자 중 한 명이 뜨거운 커피에 데였습니다. 거기서 회의를 중단하고 그를 병원으로 데리고 갔습니다. 그 날, 얼마나 끔찍했는지 생각하기도 싫습니다.

Q3 기술의 발전 덕분에 지금은 여러 가지 방법으로 회의나 약속을 정할 수 있습니다. 시간이 지남에 따라 어떤 방법으로 변화했나요? 가장 큰 변화는 무엇인가요? 변화에 대해 가능한 한 자세히 이야기해주세요.

기술 덕분에 확실히 회의 방법에 커다란 변화가 있었습니다. 가장 큰 변화는 더 이상 국제 회의를 하지 않을 이유가 없다는 것입니다. 과거에는 지금처럼 전화 회의를 많이 하지 않았습니다. 오늘날만큼 효율적이지 않았기 때문입니다. 초기 장비에는 미숙한 점이 많아 통화 연결이 깨끗하게 되지 않았습니다. 상대방의 연결이 끊기는 소리를 듣는 건 양쪽 모두에게 거슬리는 일이었으므로 사람들은 이메일이나 온라인 채팅을 통해 논의를 했습니다. 하지만 장비의 발전으로, 이제 우리는 회의실에 앉아 지구 반대 편에 있는 사람들과 전화로 회의를 하기만 하면 됩니다. 최근에 일어난 화상회의 수는 5년 전에 비해 두 배로 늘었습니다. 또 다른 변화는 사람들이 참을성이 없어졌다는 것입니다. 기술의 발전되었기 때문에 사람들은 상대방이 일을 더 빨리 하기를 바랍니다. 또 회의 사람들은 준비자가 집이나 통근 길에서도 자료를 검토하기를 바랍니다. 이는 스마트폰이나 다른 휴대 기기가 있기에 가능한 일입니다. 저는 어디서나 항상 일을 하고 있는 듯한 느낌이 듭니다.

Part 4 — Role Play 공략

Chapter 19　**Role Play 1**
Chapter 20　**Role Play 2**

Chapter 19 > Role Play I

STEP 1 About the Topic

출제 유형 따라잡기

- Asking Questions
- Asking for Help
- Persuading a Person
- Giving Your Opinion
- Asking for Directions
- Role Play

실전 문제 미리 보기

문제 난이도 ★

1. I like to see a movie, too. Ask me three or four questions about my favorite movie.
2. I also like to play soccer. This time you can ask me three or four questions about soccer.

문제 난이도 ★★

1. I'd like to give you a situation and have you act it out. You just received an item that you purchased online. However, part of it is broken. Call customer service and ask three or four questions about what you need to do.
2. I'm going to give you a situation and have you act it out. You're planning to go watch a movie with a friend. Call him/her and ask three or four questions to set up the date.

문제 난이도 ★★★

1. I'd like to give you a situation and ask you to act it out. You are staying at a hotel on a business trip. You want to buy some gifts for your family and friends. Call the front desk and leave a message asking three or four questions about buying gifts.
2. I'd like to give you a situation and ask you to act it out. You have gone on a trip and are staying at a hotel. You would like to go to the swimming pool and want to get some information. Call the front desk and leave a message asking three or four questions about the swimming pool.

STEP 2 — Build your Vocab

대화의 시작
- Hello, is this ~?
- Hello? This is ~
- May I talk to ~?

상황을 설명할 때
- I just found out that ~
- I just received ~ and it doesn't work properly.
- Do you remember ~?
- I ordered ~ online

제안을 할 때
- I suggest that you ~
- The first/second/last option is ~
- I think you'd better ~

요청할 때
- I want you to ~
- I ask you to ~
- Above all, I would like to ~

안타까움을 표시할 때
- I know that you ~
- I feel sorry for you.
- I sorry to hear that ~

대화의 끝맺음
- Please don't hesitate to call me whenever you need help.
- Thank you for your help.
- Again I'm sorry for the inconvenience.
- Please contact me as soon as possible.
- I'll be waiting for your call.

STEP 3   Actual Combo Questions

Q1 I like to see a movie, too. Ask me three or four questions about my favorite movie.

Brainstorming   영화에 대해 질문할 때 필요한 아이디어를 정리 해 보세요.

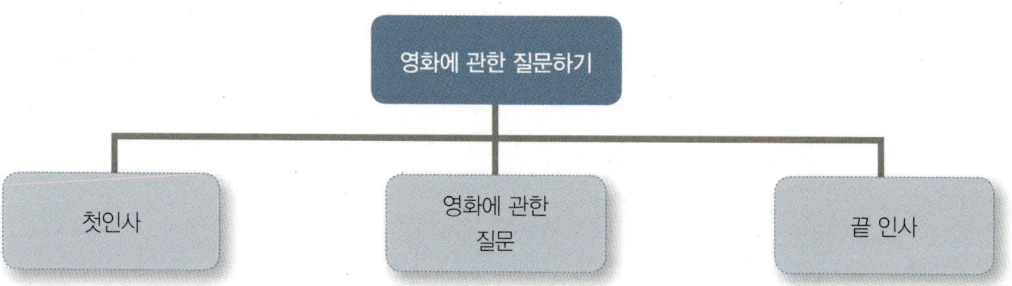

Key Words

1 첫인사	① 같은 취미에 대한 공감 표시	
2 영화에 관한 질문	① 영화를 얼마나 자주 보는지? ② 영화를 보는 장소는? ③ 가장 좋아하는 영화 장르는? ④ 가장 좋아하는 배우는? ⑤ 영화의 줄거리는?	
3 끝 인사	① 정보 공유에 대한 감사 표시	

Model Answer

Key Words를 이용해 구성한 답변을 확인 해 보세요.

1 I'm glad to hear that you also like to watch movies. **2 What is your favorite movie?** A movie that I enjoyed watching recently is called Dallas Buyers' Club. I was very impressed with Matthew McConaughey's acting and he won the Oscar for the best actor for his role in this movie. **Who's in your favorite movie? What do you think of the leading actor's acting?** Dallas Buyers' Club is based on a true story in which a man from Texas contracts AIDS and ends up buying treatment drugs in Mexico to sell them illegally to desperate patients back in the States. **What is your favorite movie about? 3** Thank you for sharing all this with me.

Useful Vocab

- acting 연기
- leading actor 주연 배우
- true story 실화
- savior 구제자, 구세주
- desperate for~ ~을 간절히 원하는
- win the Oscar for the best actor 아카데미 남우 주연상을 받다
- be based on~ ~을 바탕으로 하다
- contract AIDS 에이즈에 걸리다
- drug addict 마약중독자
- treatment 치료

 **My Answer** 자신의 이야기를 답안으로 만들어 보세요.

Tip 답변 구성 전 Tip을 확인하세요!
- 설문항목에서 영화를 본다고 할 때 Role Play 응용되어 출제
- 자신의 경우를 이야기 하면서 질문을 유도
- 영화 관람하는 경우에 사용 할 수 있는 어휘가 많을수록 유리
- Wh Question을 시작으로 답변 내용에서 많은 정보가 나올 수 있는 질문으로 구성

Q2 I'd like to give you a situation and have you act it out. You just received an item that you purchased online. However, part of it is broken. Call customer service and ask three or four questions about what you need to do.

Brainstorming 보상에 대해 질문할 때 필요한 아이디어를 정리 해 보세요.

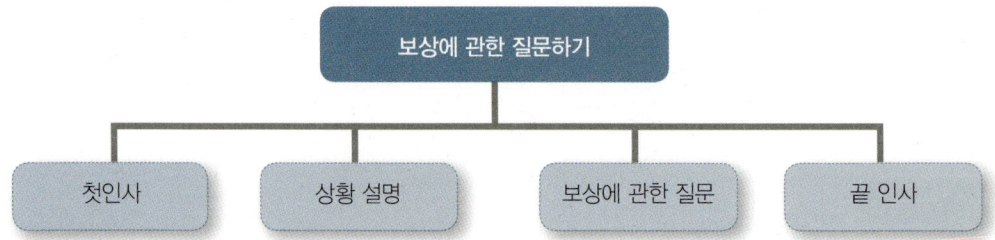

Key Words

1 첫인사
① 매장 이름 확인

2 상황 설명
① 전화를 건 이유 설명

② 상품을 구입한 날짜와 경로를 밝힘

③ 상품에 대한 문제점을 전달

3 보상에 관한 질문
① 교환이 가능한지?

② 교환의 경우 반품 방법은?

③ 교환한 물건을 언제 받을 수 있는지?

④ 환불을 받을 수 있는지?

⑤ 전액 환불이 가능한지?

4 끝 인사
① 도움에 대한 감사의 표시

② 회신 요청

Model Answer
Key Words를 이용해 구성한 답변을 확인 해 보세요.

1 **Hello, is this** Star Store? **2** **I'm calling to ask a few questions about** the process of getting an exchange. I **purchased headphones from your website** last week and I received them today. I tried using them but **one side seems to be broken**. I tried them on several different devices to make sure and each time, there was no sound coming out of the left side. **3** So I am calling to find out how to get an exchange. **Where do I need to send them to? Can you send me a text with your address, please?** Also, **how soon do I need to send them in?** Within 7 days? Okay. If I send them today, **when will I be able to get a new set?** Also, if there's anything wrong with the replacement set, **will I still be able to get a refund? 4** Thank you for your help. Bye.

Useful Vocab
- process 과정, 절차
- broken 깨진, 고장난
- refund 환불을 받다
- get an exchange 교환을 하다
- device 장치, 기기
- headphones 헤드폰
- replacement 교환품

My Answer
자신의 이야기를 답안으로 만들어 보세요.

Tip 답변 구성 전 Tip을 확인하세요!
- 전화하는 상황에 알맞은 서두 및 맺음말 신경 쓸 것
- 역할극이라는 상황이므로 생동감 있는 답변이 될 수 있도록 할 것
- 상황을 해결 할 수 있는 현실적인 질문을 할 것

Q3 I'm going to give you a situation and have you act it out. You're planning to go watch a movie with a friend. Call him/her and ask three or four questions to set up the date.

Brainstorming 날짜를 정하기 위해 질문할 때 필요한 아이디어를 정리 해 보세요.

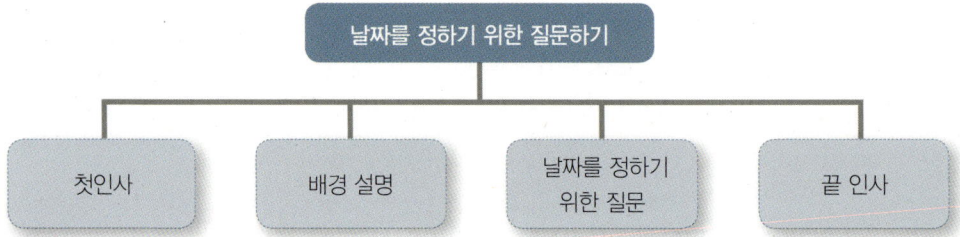

Key Words

| 1 첫인사 | ① 친구 이름 부르기 |
| | ② 나의 이름 밝히기 |

2 배경 설명	① 전화를 건 이유 설명
	② 함께 보고 싶은 영화에 대한 간략한 설명
	③ 영화를 함께 볼 의사가 있는지 확인

3 날짜를 정하기 위한 질문	① 주중이 좋은지 주말이 좋은지?
	② 원하는 정확한 날짜는?
	③ 어느 시간대가 좋은지?
	④ 원하는 구체적인 시간은?

| 4 끝 인사 | ① 남기고 싶은 당부의 말 |
| | ② 끝 인사 |

Model Answer Key Words를 이용해 구성한 답변을 확인 해 보세요.

1 Hi, Kevin, it's Emily. How are you? **2** Have you had a chance to check out the latest releases at a theater? **Do you remember the** new Kevin Bacon movie we talked about last weekend? Well, it's out this week. **Do you want to go check it out? 3** Great. **When are you free this weekend? How's Saturday for you?** Ok. **Do you want to go in the afternoon or evening?** In the evening, the shows are at 7:30, 8:10 or 9:45. How about this: Let's meet up around 6:30, grab dinner and then catch the 8:10 show. Alright. By the way, do you have any credit cards that will give us a discount at the theater? You do? Then would you mind getting the tickets for us? I'll give you cash. Thank you! **4 Let me know when** you get the tickets then. **See you on Saturday!**

Useful Vocab

- check out~ ~을 살펴보다
- release 개봉작
- grab 잠깐 ~하다
- catch a show 쇼(공연, 영화 등)를 보다
- give a discount 할인 해주다
- would you mind -ing~ ~해도 괜찮은가요?

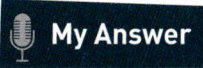 **My Answer** 자신의 이야기를 답안으로 만들어 보세요.

 Tip 답변 구성 전 Tip을 확인하세요!
- 도입 부분에서 해당 질문을 하는 이유에 대해 먼저 설명 해보기
- 상대방이 있다고 가정하고 마치 상대방이 대답을 하고 있는 설정으로 질문하면 더 효과적
- 자신이 필요한 것을 설명하면서 질문을 도출

19

Chapter Review   Role Play 1

Chapter 19.mp3

음원을 들으며 해석을 보고 이번 Chapter 내용을 복습해 보세요.

Q1 저도 영화 보는 것을 좋아합니다. 제가 가장 좋아하는 영화에 대해 서너 가지 질문을 해보세요.

당신도 영화 보는 것을 좋아한다고 하니 반갑습니다. 당신이 가장 좋아하는 영화는 무엇인가요? 제가 최근에 재미있게 본 영화는 달라스 바이어스 클럽이라는 영화입니다. 매튜 맥커너히의 연기가 매우 인상적이었고, 그는 이 역할로 아카데미 남우 주연상을 받았습니다. 당신이 가장 좋아하는 영화에는 누가 출연했나요? 주연 배우의 연기는 어땠나요? 이 영화는 실화를 바탕으로 에이즈에 걸린 한 텍사스 남자가 멕시코에서 에이즈 치료제를 밀수해 불법으로 절박한 환자들에게 판매하는 이야기입니다. 당신이 가장 좋아하는 영화는 어떤 내용인가요? 질문에 답해주셔서 감사합니다.

Q2 상황을 드릴 테니 상황에 맞게 연기해보세요. 인터넷으로 주문한 상품을 받았습니다. 그런데 상품의 일부가 망가졌습니다. 고객 센터에 전화를 걸어 하고 싶은 질문을 서너 가지 해보세요.

여보세요, 스타스토어인가요? 교환 절차에 대해 몇 가지 질문을 하려고 전화했습니다. 저는 지난 주에 웹사이트에서 헤드폰을 구입했고, 오늘 물건을 받았습니다. 사용하려고 보니 한쪽이 망가진 듯합니다. 몇 개 기기에 시험을 해봤는데, 매번 왼쪽에서 소리가 나지 않습니다. 그래서 교환 방법에 대해 여쭤보려고 전화했습니다. 헤드폰을 어디로 보내면 되나요? 주소를 문자로 보내주시겠어요? 헤드폰을 얼마나 빨리 보내드려야 하나요? 7일 이내요? 좋습니다. 오늘 헤드폰을 보내면 언제 새 제품을 받을 수 있나요? 그리고 교환품에 문제가 있는 경우, 환불 받을 수 있나요? 도와주셔서 감사합니다. 안녕히 계세요.

Q3 상황을 드릴 테니 상황에 맞게 연기해보세요. 당신은 친구와 영화를 보러 가려고 계획하고 있습니다. 친구에게 전화를 걸어 서너 가지 질문을 하고 날짜를 정해보세요.

안녕 케빈, 나 에밀리야. 잘 지냈지? 최근에 극장에서 개봉한 영화들 확인해봤니? 지난 주에 얘기했던 케빈 베이컨의 새 영화 기억나니? 이번 주에 개봉한대. 그 영화 극장에서 보고 싶지 않니? 그래 좋아. 이번 주말에 언제 시간이 되니? 토요일 괜찮아? 좋아. 오후가 좋니, 아니면 저녁이 좋니? 저녁에는 7시 30분, 8시 10분, 9시 45분에 영화가 있어. 이렇게 하는 건 어때? 6시 30분경에 만나서 저녁을 간단히 먹고, 8시 10분 영화를 보는 거야. 좋아. 그런데 혹시 극장에서 할인 받을 수 있는 신용카드 가지고 있니? 있다고? 그럼 네가 표를 두 장 사줄래? 내가 현금으로 줄게. 고마워! 표를 사면 알려줘. 토요일에 보자!

Chapter 20

Role Play 2

STEP 1 — About the Topic

출제 유형 따라잡기

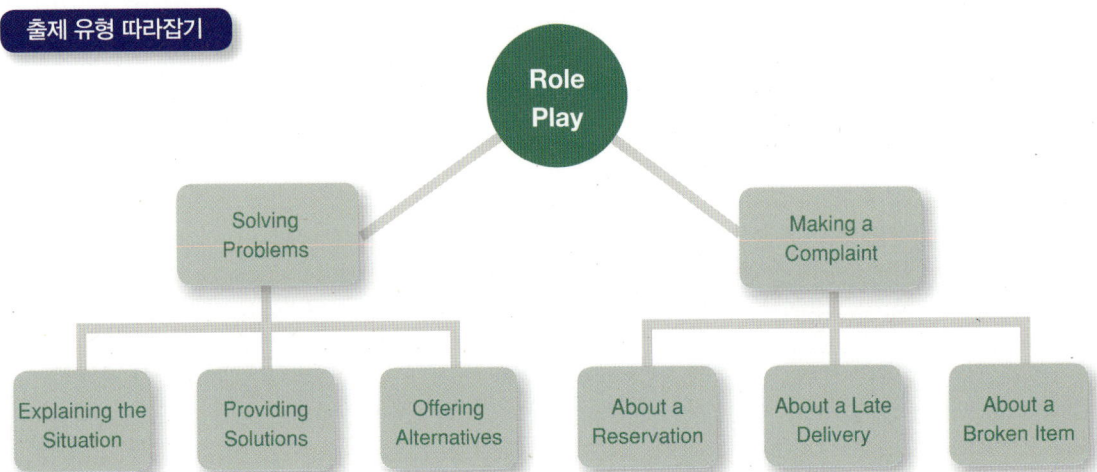

실전 문제 미리 보기

문제 난이도 ★

1. I'm sorry, but you have a problem to address. You were working out on a machine when it unexpectedly stopped working. Call an employee, explain the situation, and find ways to resolve the problem.

2. Unfortunately, there is a problem. When you arrived at the restaurant, they couldn't find your reservation. Explain the situation and find ways to solve the problem.

문제 난이도 ★★

1. I'm going to give you a situation and ask you to act it out. You are on a business trip. However, the sample you brought is broken. Call your boss, explain the situation, and ask for a new sample. Be sure to tell your boss where to send it as well.

2. There is a problem I need you to resolve. You have ordered a product online. It has been a week and it hasn't arrived yet. Call the customer service department of the mall and complain about the late delivery.

문제 난이도 ★★★

1. I'm sorry, but there is a problem I'll need you to resolve. You have just found out you will not be able to meet one of your friends. Call your friend and give a detailed explanation of what has happened that prevents you from going. Then offer two or three alternatives to resolve the problem.

2. I'm sorry, but there is a problem I need you to resolve. You have arrived at the airport and found out that one of your bags is missing. Call the airline and ask them what has happened.

STEP 2   Build your Vocab

주문품과 관련된 문제

- late delivery
- delivery to a wrong address
- broken item
- damaged goods
- wrong item
- overcharging
- too small/big

제품의 하자와 관련된 표현

- The picture is not clear.
- The screen went black.
- The printer doesn't not work properly.
- The air conditioner stopped working.
- There is no sound coming out of the left/right side.
- The color is faded out.
- The meat smells bad.
- There is some stain on the pants.
- The picture is not clear.
- The screen looks blurry.
- The printer is malfunctioning.
- The air conditioner wouldn't turn on.
- It is missing the cable.
- It is not the color I ordered.
- It is expired.
- The size of the pants is not what I ordered.

예약과 관련된 표현

- make a reservation
- reserve a table
- book a ticket
- My name is not on the list.
- There is no record of my reservation.

약속과 관련된 표현

- set up a date 날짜를 정하다
- have an emergency
- cannot make it
- cannot get to the place on time

보상과 관련된 표현

- call the customer service center
- return the product
- get an exchange
- get a refund
- get a voucher
- get a discount
- get a free ticket

STEP 3　Actual Combo Questions

Q1 I'm going to give you a situation and ask you to act it out. You are on a business trip. However, the sample you brought is broken. Call your boss, explain the situation, and ask for a new sample. Be sure to tell your boss where to send it as well.

Brainstorming　상황을 설명하고 도움을 요청할 때 필요한 아이디어를 정리 해 보세요.

상황을 설명하고 도움 요청하기
- 첫인사
- 상황 설명
- 도움 요청과 주소 알려주기
- 끝 인사

Key Words

1 첫인사
① 상대방의 이름 부르기
① 나의 이름 밝히기

2 상황 설명
① 전화를 건 이유 설명
② 문제가 되는 상황 설명

3 도움 요청과 주소 알려주기
① 다른 샘플을 보내줄 수 있는지?
② 샘플을 언제까지 보내줄 수 있는지?
③ 샘플을 어떤 방법으로 보내줄 것인지?
④ 샘플 받을 주소 알려주기

4 끝 인사
① 상대방의 수고에 대한 감사의 말 전하기
② 끝 인사

Model Answer
Key Words를 이용해 구성한 답변을 확인 해 보세요.

1 Hello, is this Mr. Park? Hi, this is Nick. Do you have a minute to talk? **2 I'm so sorry but I have really bad news. The sample I packed to show our client is broken.** I wrapped it with bubble wrap and even asked for a fragile sticker on the luggage but when I took it out, I noticed the tip was broken. To be honest, you can barely notice it but I don't want to show something that is not 100% perfect to our client. **3 Would you please send me another one by Fedex? I'm staying at the Hilton London at Kensington.** There's more than one Hilton in London so let me give you the address. It's 179-199 Holland Park Avenue. I'm staying in Room 238. I'm meeting the client on Thursday, so we still have time but please hurry. **4 I'm sorry for the inconvenience and thank you for your understanding. Bye.**

Useful Vocab
- business trip 출장
- wrap~ ~을 싸다, 포장하다
- luggage 짐, 수화물
- notice~ ~을 알아채다
- pack 짐을 싸다
- bubble wrap 버블랩(발포 비닐 포장지)
- tip 끝
- broken 깨진, 고장난
- fragile 깨지기 쉬운
- barely 겨우

My Answer
자신의 이야기를 답안으로 만들어 보세요.

Tip 답변 구성 전 Tip을 확인하세요!
- 출장 상황에서의 돌발 상황에 대한 역할극
- 자신이 처한 상황을 구체적으로 설명
- 현실적인 대안이 되는 질문을 할수록 유리함

Q2 I'm sorry, but there is a problem I'll need you to resolve. You have just found out you will not be able to meet one of your friends. Call your friend and give a detailed explanation of what has happened that prevents you from going. Then offer two or three alternatives to resolve the problem.

Brainstorming 상황을 설명하고 대안을 제시할 때 필요한 아이디어를 정리 해 보세요.

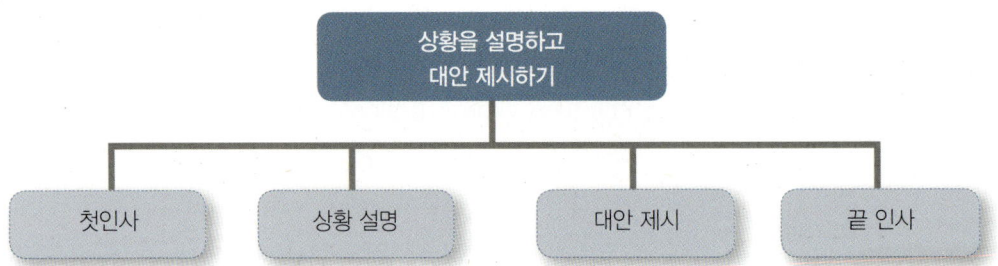

Key Words

1 첫인사
① 상대방의 이름 부르기
② 나의 이름 밝히기

2 상황 설명
① 전화를 건 이유 설명
② 약속을 지킬 수 없는 이유 설명

3 대안 제시
① 약속 시간을 바꿀 수 없는지?
② 약속 날짜를 미룰 수 없는지?
③ 약속을 변경하는 대신 자신이 비용을 부담하는 건 어떨지?

4 끝 인사
① 약속을 지키지 못한 것에 대한 사과의 말 전달
② 회신 요청

Model Answer
Key Words를 이용해 구성한 답변을 확인 해 보세요.

1 Hi, Kyle, this is Natalie. **2** **Do you remember** our lunch date this Saturday? **Well, I'm so sorry but I won't be able to make it**. My father needs to see a doctor that day and the hospital asked for a guardian to come along. Everyone's busy so he asked me if I could go with him even though he knew I had plans. I know we made this plan a while ago but I couldn't say no. Sorry, but I need to go with my dad. **3** I don't think the appointment will take all day, **so are you free to have dinner instead?** If you already have plans, **how does Sunday sound?** If that's not possible, I'm done at 6 everyday next week, so just give me a call whenever you're available. **4** **Again, I'm really sorry and I hope you can understand**. Our next date is on me! **Give me a call when you get this message. Bye.**

Useful Vocab

- alternative 대안
- while ago 조금 전에
- available 시간이 있는
- make it 가다 참석하다
- appointment 약속
- be on somebody ~가 한턱 내다
- guardian 보호자, 후견인
- free 시간이 있는

My Answer
자신의 이야기를 답안으로 만들어 보세요.

Tip 답변 구성 전 Tip을 확인하세요!
- 친구와 약속을 정해 놓고 지키지 못 하게 된 상황
- 자신이 왜 약속을 지키지 못하게 되 었는지 설명
- 약속을 지키지 못하는 데 대한 보상 에 걸맞은 대안을 제시 할 것

Q3 There is a problem I need you to resolve. You have ordered a product online. It has been a week and it hasn't arrived yet. Call the customer service department of the mall and complain about the late delivery.

Brainstorming
상황을 설명하고 불만을 제기할 때 필요한 아이디어를 정리 해 보세요.

```
              상황을 설명하고
              불만 제기하기
      ┌───────────┬──────────────┬───────────┐
    첫인사      상황 설명    불만 제기 및      끝 인사
                            보상에 관한 질문
```

Key Words

1 첫인사
① 매장 이름 확인

2 상황 설명
① 전화를 건 이유 설명

② 상품을 구입한 날짜와 경로를 밝힘

③ 배송 지연으로 불편한 상황 설명

3 불만 제기 및 보상에 관한 질문
① 상품을 받지 못한 것에 대한 불만 토로

② 자신의 항의에 대한 정당성 제공

③ 문제가 발생한 원인에 대한 설명 요구

④ 원하는 상품 도착 날짜 통보

⑤ 원하는 날짜에 도착하지 않는 경우 보상 요구

4 끝 인사
① 당부의 말

② 회신 요청

Model Answer
Key Words를 이용해 구성한 답변을 확인 해 보세요.

1 Hello, is this BDT store customer service? **2** I am calling about a late delivery. I ordered a backpack from your online store last week. It says on your site that delivery takes 2 to 4 business days. I put in the order last Monday morning which is exactly a week ago. **3** That's 6 full business days and it still hasn't arrived! Could you please check on my order? My name is Sarah Banks and my phone number is 3583-4659. What? What do you mean it hasn't been shipped? Well, I bought this backpack to use on my trip and I'm leaving this Thursday. So I need it by this Wednesday at the latest. Can you guarantee that I'll get it by then? If not, I need a refund right away so I can find a replacement. **4** Okay, talk to the manager and please get back to me before 6 pm today. I'll be waiting for your call. Bye.

Useful Vocab

- order~ ~을 주문하다
- delivery 배송, 배달
- business days 영업일, 평일
- ship~ ~을 수송하다
- guarantee~ ~을 보장하다
- complain~ ~에 대해 항의하다
- backpack 배낭, 책가방
- check on~ ~을 확인하다
- at the latest 늦어도
- get back to~ ~에게 다시 연락하다

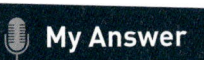 My Answer 자신의 이야기를 답안으로 만들어 보세요.

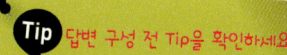 **Tip** 답변 구성 전 Tip을 확인하세요!
- 주문한 상품의 배송 지연에 불만을 토로 하는 상황
- 자신이 주문한 이유나 배송 지연으로 불편한 이유를 충분히 설명
- 항의에 대한 합리적 근거를 대고 보상 요구를 해도 좋음

20

Chapter Review — Role Play 2

음원을 들으며 해석을 보고 이번 Chapter 내용을 복습해 보세요.

Q1 상황을 드릴 테니 상황에 맞게 연기해보세요. 당신은 지금 출장 중입니다. 하지만 가져온 샘플이 깨졌습니다. 상사에게 전화를 걸어 상황을 설명하고, 새로운 샘플을 요청하세요. 상사에게 샘플을 어디로 보내야 할지도 꼭 알려주세요.

여보세요, 박 과장님이세요? 저 닉입니다. 잠깐 통화 가능하세요? 죄송하지만 나쁜 소식이 있습니다. 고객에게 보여주려고 가져온 샘플이 깨졌어요. 완충제로 싸고, 짐 가방에 취급주의 스티커를 붙였는데도 꺼내보니 끝 부분이 깨져있습니다. 솔직히 말씀 드리면, 깨진 부분이 눈에 잘 띄지 않지만 100퍼센트 완벽하지 않은 물건을 고객에서 보여드리고 싶지가 않습니다. 과장님께서 Fedex로 다른 샘플을 보내주시겠어요? 저는 켄싱턴에 있는 힐튼 런던에 머물고 있습니다. 런던에 힐튼 호텔이 하나 더 있으니 주소를 알려드릴게요. 홀랜드 파크 애비뉴 179-199번지 입니다. 238호에 머물고 있고요. 목요일에 고객을 만나기로 해서 아직 시간이 있지만 서둘러주세요. 불편하게 해드려 죄송하고, 이해해주셔서 감사합니다. 안녕히 계세요.

Q2 죄송하지만 당신이 해결해야 할 문제가 있습니다. 당신은 친구를 만나지 못할 거라는 사실을 알게 되었습니다. 친구에게 전화를 걸어 무슨 일이 생겨서 갈 수 없는지 자세히 설명해주세요. 그리고 문제를 해결하기 위해 서너 가지 대안을 제시해보세요.

안녕 카일리, 나 나탈리아야. 이번 주 토요일 점심 약속 기억하니? 음, 미안하지만 그날 못 나갈 것 같아. 아버지가 그날 병원에 가셔야 하는데 병원에서 보호자를 동반하라고 했대. 모두들 바빠서 아버지는 내가 약속이 있는지 알면서도 함께 갈 수 있는지 물어보셨어. 너와도 조금 전에 약속을 한 거지만, 부탁을 거절할 수 없었어. 너한테 미안하지만 아버지를 따라 가야 할 것 같아. 하루 종일 걸리지는 않을 테니, 시간이 되면 대신 저녁을 먹을까? 이미 다른 계획이 있으면 일요일은 어때? 그것도 안 되면, 나는 다음 주중에 6시에 일이 끝나니까 시간 날 때 아무 때나 전화해줘. 다시 한번 정말 미안하고, 이해해주길 바래. 다음에 만나면 내가 살게! 메시지 받으면 전화해줘. 안녕.

Q3 당신이 해결해야 할 문제가 있습니다. 당신은 인터넷으로 물건을 주문했습니다. 일주일에 되었는데도 물건은 아직 도착하지 않았습니다. 온라인 매장 고객서비스부에 전화를 걸어 배송 지연에 대해 항의해보세요.

여보세요, BDT 고객서비스부인가요? 배송 지연 때문에 전화 드렸습니다. 저는 지난 주에 온라인 매장에서 배낭을 주문했습니다. 웹사이트에는 영업일 기준 2~4일 이내로 배송이 된다고 명시되어 있었습니다. 저는 지난 월요일에 주문을 했고, 그 때가 정확히 일주일 전입니다. 영업일 기준 6일이 지났는데도 배낭이 아직 도착하지 않았습니다. 제 주문을 확인해주시겠어요? 제 이름은 사라 뱅크스이고, 전화번호는 3583-4659입니다. 뭐라고요? 아직 발송이 안 됐다니 무슨 말씀이세요? 이번 주 목요일 여행을 갈 때 쓰려고 쓰려고 배낭을 샀던 건데. 늦어도 이번 수요일까지는 배낭을 받아야 해요. 그때까지 배낭을 받아볼 수 있다고 약속하실 수 있나요? 그렇지 않으면, 즉시 환불을 받고 다른 배낭을 찾아봐야 해요. 좋습니다. 매니저와 이야기해보시고 오늘 저녁 6시 전에 다시 연락 주세요. 전화 기다릴게요. 안녕히 계세요.

OPIc
IH Master